Wilhelm Busch zum Vergnügen

AF177389

Wilhelm Busch
zum Vergnügen

Herausgegeben von
Karl-Heinz Hartmann

Mit 62 Abbildungen

Reclam

Dem Andenken meines Vaters

Der Verlag behält sich die Verwertung der urheberrechtlich geschützten Inhalte dieses Werkes für Zwecke des Text- und Data-Minings nach § 44b UrhG ausdrücklich vor. Jegliche unbefugte Nutzung ist ausgeschlossen.

RECLAMS UNIVERSAL-BIBLIOTHEK Nr. 18895
2007, 2011 Philipp Reclam jun. GmbH & Co. KG,
Siemensstraße 32, 71254 Ditzingen
info@reclam.de
Umschlagillustration: Nikolaus Heidelbach
Umschlaggestaltung: Eva Knoll
Druck und Bindung: Esser printSolutions GmbH,
Westliche Gewerbestraße 6, 75015 Bretten
Printed in Germany 2025
RECLAM, UNIVERSAL-BIBLIOTHEK und
RECLAMS UNIVERSAL-BIBLIOTHEK sind eingetragene Marken
der Philipp Reclam jun. GmbH & Co. KG, Stuttgart
ISBN 978-3-15-018895-8
reclam.de

Inhalt

Vorwort 7

I »Meine sauerverdiente sogenannte
Weltbetrachtung« 19

II Lächelnd die Wahrheit sagen 34

III »Man ist ja von Natur kein Engel,
Vielmehr ein Welt- und Menschenkind« 49

IV »Die Welt, das lässt sich nicht bestreiten,
Hat ihre angenehme Seiten« 60

V »Liebe – sagt man schön und richtig –
Ist ein Ding, was äußerst wichtig« 69

VI Am »Busen der Natur« 82

VII »Froh schlägt das Herz im Reisekittel,
Vorausgesetzt, man hat die Mittel« 94

VIII »Und wahrlich! Preis und Dank gebührt
Der Kunst, die diese Welt verziert« 104

IX »Einszweidrei, im Sauseschritt,
Läuft die Zeit; wir laufen mit« 113

X »Man hätte so gerne seine Ruh« 122

XI »Ach, die Welt ist so geräumig,
Und der Kopf ist so beschränkt« 131

XII »Wir bleiben unverzagt und munter«
Trost bei Busch 142

XIII Wilhelm Busch im Urteil der Zeit
Stimmen im Kanon 151

Zeittafel 158

Textnachweise 167

Vorwort

Johann Wolfgang Goethe starb im März 1832. Wilhelm Busch, der »Weise von Wiedensahl«, erblickte drei Wochen später in einem kleinen niedersächsischen Dorf das Licht der Welt. In der Kaiserzeit war Busch unbestritten der bekannteste und beliebteste deutschsprachige Schriftsteller. Auch im 21. Jahrhundert sind seine Werke präsent: (Fast) jedes Kind kennt auch heute die Streiche von *Max und Moritz*. Jährlich besuchen annähernd 100 000 Menschen das Wilhelm-Busch-Museum in Hannover und die Wilhelm-Busch-Gedenkstätten in Wiedensahl, Ebergötzen und Mechtshausen.

Doch die Literaturwissenschaftler tun sich schwer mit Busch. Walter Kempowski, Schriftsteller und Thomas-Mann-Preisträger der Stadt Lübeck, spricht es deutlich aus: »Über etwas lachen zu müssen, ist den Deutschen verdächtig«.[1] Und Gert Ueding zählt den großen Malerpoeten entsprechend »zu den unbekanntesten Eckenstehern der deutschen Literaturgeschichte«.[2]

Natürlich ist auch Busch dem Schicksal nicht ent-

---

[1] Walter Kempowski spricht über Günter Grass und den deutschen Humor, in: *Frankfurter Allgemeine Zeitung*, 22. September 2006, S. 36.

[2] Gert Ueding, *Wilhelm Busch. Das 19. Jahrhundert en miniature*, Frankfurt a. M. 1977, S. 13.

gangen, aus sehr unterschiedlichen Blickrichtungen immer wieder gedeutet und auch ideologisch vereinnahmt zu werden. Er galt als der »heitere Haushumorist«, der »Einsiedler von Mechtshausen« (Paul Block, 1902), der »Altmeister des deutschen Humors« (Victor Blüthgen, 1904), der »lachende Weise« (Richard Braungart, 1917) oder die »personifizierte Vollkommenheit« (Egon Friedell, 1931). In jüngster Zeit spricht man von dem »Protestanten, der trotzdem lacht«,[3] vom »tragischen Humoristen«[4] oder vom großen »Versteckspieler«[5]. Vielleicht gehört dieser Künstler mit der genialen Doppelbegabung tatsächlich zu den einmaligen Erscheinungen in der Literaturgeschichte. Dass sein Humor etwas Entspannendes und Krampflösendes hat, erkannte auch Sigmund Freud, der Begründer der Psychoanalyse: Eine Auswahl von Buschs Werken stand bis zu Beginn des Ersten Weltkrieges im Wartezimmer seiner Praxis in der Berggasse 19 in Wien.

Buschs Bücher sind und bleiben verblüffend zeitlos. Der Grund hierfür dürfte vor allem im realisti-

---

3 Ulrich Mihr, *Wilhelm Busch, der Protestant, der trotzdem lacht. Philosophischer Protestantismus als Grundlage des literarischen Werks*, Tübingen 1983.

4 Herbert Schmidt-Kaspar, »Der tragische Humorist. Wilhelm Busch«, in: *Wo die Musen frieren. 20 norddeutsche Künstler-Biographien*, hrsg. von Paul Barz, Heide 1987.

5 Herbert Günther, *Der Versteckspieler. Die Lebensgeschichte des Wilhelm Busch*, Weinheim 2002.

schen Menschenbild des Künstlers liegen. Stets sind es dieselben Torheiten, Schwächen, Dummheiten, Eitelkeiten und Unzulänglichkeiten, die nur in neuen Verkleidungen auftreten. Mit seiner unübertroffenen, sparsam-genauen Zeichenkunst und den überaus eingängigen, ironisch gebrochenen Reimen karikierte Busch treffend die Lebensgewohnheiten der deutschen Spießbürger. Und er, der eigentlich ein seriöser Maler werden wollte und jahrelang auf verschiedenen Akademien studiert hatte, fand allmählich selbst Gefallen an den von ihm erdachten »Phantasiehanseln« bzw. in der Möglichkeit, sein Talent als Karikaturist zu entfalten. Natürlich interessierte sich seine große Fan-Gemeinde auch für seine Person. Aber der Autor von *Max und Moritz* ließ sich nicht in die Karten gucken, gab von seiner Privatsphäre kaum etwas preis. Er gehört tatsächlich zu den großen »Versteckspielern« der Weltliteratur.

Busch selbst bekennt mit leichter Selbstironie, seine Werke mit »rücksichtslosem Pläsier zurecht geschustert« zu haben (an Friedrich August von Kaulbach, 16. September 1886; Br 1,273). In seinem Dank anlässlich der zahlreichen Glückwünsche zu seinem 70. Geburtstag in der *Frankfurter Zeitung* im April 1902 schreibt er (Nl; GA 4,530): »Mir wenigstens hat die Verfertigung meiner Sachen nicht bloß an sich schon Vergnügen bereitet, sondern ich fand mehr als genug Beifall obendrein.«

Das uns heute vorliegende Gesamtwerk umfasst viele Tausend Zeichnungen, oft mit lustigen Versen versehen, etwa 500 Gedichte, unzählige Epigramme, zwei Prosaerzählungen, eine Sagen- und Märchensammlung *Ut öler welt* (*Aus alter Zeit*), etwa 1750 Briefe, die eine wahre Fundgrube an Humor und abgeklärter Lebensweisheit ausmachen, und nicht zuletzt etwa 1000 meist kleinformatige Ölbilder, von denen er allerdings nie selbst eines ausgestellt hat.

Besonders die 1865 erschienene Bildergeschichte *Max und Moritz* begründete Buschs Weltruhm. Es ist das mit Abstand bekannteste und populärste Kinderbilderbuch aller Zeiten. Schon zu Lebzeiten Buschs erschienen zehn fremdsprachige Fassungen. Heute sind es fast 300, darunter auch solche in Altgriechisch, Lateinisch, Japanisch, Bulgarisch, Esperanto, Estnisch, Flämisch, Jiddisch, Kroatisch, Pennsylvania-Dutsch, Rätoromanisch, Serbisch, Slowenisch, Ukrainisch oder Wallonisch, ferner eine große Menge an Dialektfassungen sowie eine Ausgabe in Blindenschrift.[6] Doch hatte der junge Busch die Rechte an seinen Verleger für einen Fixbetrag abgetreten. Der wurde reich – und (noch) nicht Busch.

Dass bei dem Vergnügen an seinem kreativen Schaffen Sarkasmus und Schadenfreude einen nicht unwesentlichen Anteil haben, erklärt sich aus der

6 Jb 1986,12.

spezifischen Art des bürgerlichen Humors: Busch war von 1859 bis 1871 in München Mitarbeiter bei den *Fliegenden Blättern*. Dieses 1844 von Kaspar Braun und Friedrich Schneider gegründete humoristische Wochenblatt verstand es treffend, Missstände in der Gesellschaft humoristisch-satirisch aufs Korn zu nehmen und Entscheidungen der Obrigkeit mit Hohn, Spott und Häme zu überziehen.

Busch konnte sich in vielem auch auf Arthur Schopenhauer, seinen geistigen Gewährsmann, berufen. Der bemerkte: »Wenn man von der Betrachtung des Weltlaufs im Großen und zumal der reißend schnellen Succession der Menschengeschlechter und ihres ephemeren Scheindaseyns sich hinwendet auf das *Detail des Menschenlebens*, wie etwan die Komödie es darstellt; so ist der Eindruck, den jetzt dieses macht, dem Anblick zu vergleichen, den, mittels des Sonnenmikroskops, ein von Infusions[Aufguß]thierchen wimmelnder Tropfen, oder ein sonst unsichtbares Häuflein Käsemilben gewährt, deren eifrige Thätigkeit und Streit uns zum Lachen bringt. Denn, wie hier im engsten Raum, so dort in der kürzesten Spanne Zeit, wirkt die große und ernstliche Aktivität komisch.«[7]

Schon früh beschäftigte Busch sich intensiv mit dem Problem des Bösen. Für ihn steht es in direktem Zusammenhang mit der triebgebundenen Natur des

7 Arthur Schopenhauer, *Werke in zehn Bänden (Zürcher Ausgabe)*, Bd. 2,1: *Parerga und Paralipomena*, Zürich 1977, S. 314 f.

Menschen: »Bei den besten Menschen, die mir begegnet, habe ich noch immer die Reißzähne von den Schneidezähnen ganz deutlich unterscheiden können« (Br 1,139). Diese unter der dünnen Kruste der Zivilisation verborgenen Triebkräfte werden Buschs Meinung nach immer wieder wie ein Vulkan eruptiv ausbrechen und neues Unheil stiften.

Von den pathologischen Begleiterscheinungen einer leidenschaftlichen Liebe scheint der Dichter nie ernstlich heimgesucht worden zu sein: Das Mädchen, um dessen Hand er in jungen Jahren anhielt, Anna Richter, heiratete einen anderen. Die Frau, der er am meisten zugetan war, nämlich die sehr kultivierte Frankfurter Bankiersgattin Johanna Kessler, eine vielfache Mutter, der er 357 mehr oder weniger verschlüsselte (oft sehnsuchtsvolle) Briefe schrieb, blieb für ihn unerreichbar (Jul; GA 3,148): »Onkel heißt er günst'gen Falles, / Aber dieses ist auch alles. –« Als die intellektuelle holländische Schriftstellerin Maria Anderson seinen ersten Gedichtband *Kritik des Herzens* über alle Maßen lobte, entspann sich ein aufschlussreicher Briefwechsel »über den erotisch-platonischen Zaun« (Br 1,154) in 51 Briefen innerhalb von fünf Monaten – aber nach einer leibhaftigen Begegnung beider in Mainz erlosch das Liebesfeuer jäh. Und da war auch noch die schöne und verheiratete Berlinerin Anna Lindau, Tochter des *Kladderadatsch*-Gründers David Kalitsch. Sie machte ihm in München schöne Augen und versuchte, ihn brieflich mit doppelsinnigen libidinösen Ansprüchen nach Berlin zu locken (ebd., 204): »Kommen Sie her, das Leben ist so kurz und freudlos, man muss jeden Augenblick ausnützen.« Die Sache war Busch heikel. Er kam nicht. Später wagte es die geschiedene, lebenslustige Nanda, Tochter von Johanna Kessler, den »Onkel Wilhelm« in unverkennbar amourös getönten Briefen geschickt zu beflirten, aber Busch blockt brüsk ab (ebd., 346): »Liebe Wespe! ach i bitt, / Schwirr nit so und prick mi nit!« Als sie ankündigte, ihn besuchen zu wollen, schrieb er barsch (Br 2,274): »Notabene! Wie ich über Fremdenbesuch denke, das weißt du. Also bitte, laß die bedrohlichen Scherze. Ich bin zu alt dazu.« Allerdings: Unbeweibt musste er nicht durchs Leben gehen.

35 Jahre lang lebte er in einträchtiger Seelenharmonie mit seiner jüngeren, früh verwitweten Schwester Fanny im gleichen Haushalt. Mit ihr verstand er sich bestens. Sie hatte ein warmes, menschliches Verständnis für den Grübelgeist ihres Bruders und dessen Hang zum Sinnieren und Philosophieren.

Seinen pessimistischen Humanismus fand Busch vor allem im Welt- und Menschenbild des von ihm hoch verehrten Kirchenvaters Aurelius Augustinus (354–430 n. Chr.) wieder. Nicht zuletzt dessen Lehre vom Makel der Erbsünde hat in sein eigenes facettenreiches Werk Eingang gefunden. Bei seiner unermüdlichen Suche nach einer letzten allumfassenden

Wahrheit stieß der Skeptiker und Gesellschaftsanalytiker Busch nämlich auf die berühmten *Confessiones* des Augustinus, dessen »Theorie des Bösen« ihn überzeugt: »Das Gute – dieser Satz steht fest – / Ist stets das Böse, was man läßt!« (FH; GA 2,293)

Von Augustin lernte Busch, wie man sich selbst auf die Schliche kommt. Dies zumindest belegen seine in Anlehnung an Heinrich Heine pointensicher gedrechselten Gedichte in seiner *Kritik des Herzens*. Dort hatte Busch versucht, »möglichst schlicht und bummlig die Wahrheit zu sagen – so wie man sich etwa nach Tisch oder bei einem Spaziergange dem guten Freunde gegenüber aussprechen würde« (Br 1,129). Es geht ihm also nicht um gehobene Dichtung, sondern um philosophisch grundierte Gebrauchslyrik, deren ethisches Fazit auf die Formel zu bringen ist: »Meine Überzeugung ist ein für alle Mal: Wir taugen alle zusammen in der Wurzel nicht, und schüttelten wir die guten Werke auch nur immer so aus dem großen Sack hervor« (ebd., 154).

In seiner Wissbegier las der Pfarrerzögling schon mit 14 Jahren Immanuel Kants *Kritik der reinen Vernunft*. Später entdeckte er Arthur Schopenhauer, dessen Werk er eifrig studierte. Für ihn war dieser »große und grimme« Philosoph mit seiner Willensmetaphysik und seiner überaus bündigen, klaren Prosa letztlich auch so etwas wie ein Humorist des Lebensernstes (Br 2,255).

Zu dem Dreigestirn Augustinus, Kant und Schopenhauer gesellte sich noch der Evolutionstheoretiker Charles Darwin. Dessen aufsehenerregendes Buch *Über die Entstehung der Arten durch natürliche Auslese* erschien 1860 in deutscher Sprache. Die Theorie von der permanent schöpferischen Kraft der Natur, die diesen unaufhörlichen Wandel der Arten hervorbringt, fand der Naturforscher Busch »höchst intereßant« (Br 1,147).

An dem Gedankengebäude, das er sich dann in seinem Kopf zurechtzimmerte, sind Einflüsse dieser Denker unverkennbar. Bei seinem Lustwandel »in den Laubengängen des intimeren Gehirns«, »wo's bekanntlich schön schattig ist« (Wmb; GA 4,149), zog sich der Grübelgeist Busch am Ende eine »philosophische Erkältung« (Br 1,215) zu, an der er lange laborieren sollte: »Ihre Schlüssel [Kant, Schopenhauer, Darwin] passen ja zu vielen Türen in dem verwunschenen Schloß dieser Welt; aber kein ›hiesiger‹ Schlüssel, so scheint's, und wär's der Asketenschlüssel, paßt je zur Ausgangstür« (Vmüm; GA 4,210).

Als Busch die Beschränktheit allen Denkens (»Der philosophische Ballon steigt nicht über die irdische Atmosphäre hinauf«, Nl; GA 4,542), die Hilflosigkeit des Verstandes und die prinzipielle Unergründbarkeit des tieferen Sinns aller Dinge erkannte, rettete er sich in die literarische Ironie, auch in die Selbstironie. Geistig und materiell unabhängig, aber philosophisch desillusioniert, lebte er sich nun in seiner Phantasiewelt voll aus und konzentrierte sich auf sein künstlerisches Werk. Die Ruhe, die er so dringend brauchte, fand er in der ländlichen Stille und Abgeschiedenheit seines »klimperkleinen [belästigungsfreien], vom großen Weltall abgesonderten Plätzchens« Wiedensahl. Hier entstehen fast alle seine großen Werke. Seinen drei Neffen, für die er die Vaterrolle übernahm, erklärte er einmal, er habe schon so viele Exemplare der Gattung Homo sapiens kennengelernt, dass es ihm nach weiteren nicht mehr gelüste. Ruhm ist ihm wertlos: »Der Ruhm, wie alle Schwindelware, / Hält selten über tausend Jahre / Zumeist vergeht schon etwas eh'r / Die Haltbarkeit und die Kulör« (Zgl; GA 4,301).

Frei und unabhängig wollte er sein und bleiben – sein Leben lang. Entsprechend war das Briefeschreiben die ihm gemäße Art, mit der Welt in Kontakt zu bleiben, aber gleichzeitig Distanz zu wahren. Die letzten zehn Jahre seines Lebens verbrachte der alternde Künstler und beharrliche Pfarrhausbewohner bei seinem Neffen Otto Nöldeke, Pastor in Mechtshausen im Harz. Dort bewohnte er in der oberen Etage des Pfarrhauses zwei kleine, sehr schlicht eingerichtete Räume: Arbeitstisch, Bücherregal, Lehnstuhl, Sofa, Kanonenofen, Waschkommode und Bett – das ist der ganze Luxus dieses Millionärs. Heute ist das Pfarrhaus eine Gedenkstätte.

Die zerstörerische Wirkung der Zeit schmerzte

Busch zutiefst, und lange kam er nicht darüber hinweg, dass die »Bildnerin Natur auch ihre besten Arbeiten in den Thonkübel zurückschmeißt und sie einstampft mit den Andern« (Br 1,331). Aber am Ende seines Lebens versank er nicht in metaphysische Verzweiflung. Seinen Garten liebte er über alles. Dankbar genoss er den unaufhaltsamen Wechsel und Wandel der Jahreszeiten und sah darin das tröstliche Bild »unseres eigenen [endlichen] Daseins« (Br 2,244). In seiner letzten großen Bildergeschichte *Maler Klecksel* (1884) zieht der 52jährige Busch noch einmal alle Register seines Könnens, und mit 64 Jahren legt er auch den Pinsel für immer aus der Hand.

Mit zunehmendem Alter berührten ihn die Ergebnisse der wissenschaftlichen Forschung kaum noch – ein Hang zur Mystik und zum Reich der Gnade ist unverkennbar. Den Gedanken an die Vorstellung einer Wiedergeburt in irgendeiner Form hat er nie ganz fallen lassen. Der Glaube ist für Busch so etwas wie die Liebe. »Das Reich Gottes«, sagte er einmal zu seinem Neffen Hermann Nöldeke, »ist inwendig«. Und an anderer Stelle: »Es kommt mehr auf die innere Wahrheit [des Christentums] an, als auf die äußerlich geschichtliche. Über die innere Wahrheit des Christentums werden sie nicht hinauskommen.« (Gespr 172 ff.) Anlässlich seines 70. Geburtstags erhielt er von dem Verlag Braun & Schneider als Ehrengeschenk 20 000 Mark. Er spendete den vollen

Betrag (diskret!) zu gleichen Teilen an zwei Krankenhäuser in Hannover.

Alles das, was seine Unabhängigkeit, sein Ruhebe-
dürfnis und seinen Seelenfrieden hätte stören können,
wurde rigoros gemieden. Deshalb hütet er sich auch
vor dem Freigeist und Pastorensohn Friedrich Nietz-
sche und dessen auch stilistisch meisterhaften Werken, zu dem er ein sehr zwiespältiges Verhältnis hatte.
Bis zu seinem Tod betrieb Busch Sprachstudien und
hatte ein fast kindliches Vergnügen an Reim, Rhyth-
mus, witzigen Wortschöpfungen (»Mümmelgreis«)
und Sprachspielereien. Hier ist es vor allem das poeti-
sche Philosophieren, das ihm Vergnügen bereitet:

> Bald holterpolter, wie gerädert,
> In einem Wagen, der nicht federt,
> Bald sanft, wie im Automobil,
> So kam er an sein Lebensziel. (Br 2,304)

Golo Mann bemerkte über Busch im Vergleich zu
seinem eigenen Vater Thomas Mann: »Auch er
[Busch] tat, was ein deutscher Schriftsteller [Thomas
Mann] der ersten Hälfte unseres Jahrhunderts als seine eigentliche Aufgabe bezeichnete; er brachte ›etwas
höhere Heiterkeit‹ in unsere Welt.«[8]

Und wer wollte dem widersprechen?

8 Golo Mann, »Wilhelm Busch. Festvortrag vor der Wilhelm-
Busch-Gesellschaft am 15. Mai 1982 zu Buschs 150. Geburtstag«,
in: Jb 1982,25.

I

»Meine sauerverdiente sogenannte Weltbetrachtung«

Das, was man gemeinhin die Wirklichkeit nennt, war für meinen Onkel nicht das Wesenhafte, sondern nur das bunte Spiel des Scheins der Dinge, die an sich unerkennbar sind. [Hermann Nöldeke]

Die Tätigkeit des Blumenkohl-ähnlichen Gehirns pflegt man Geist zu nennen.

Der Weise, welcher sitzt und denkt
Und tief sich in sich selbst versenkt,
Um in der Seele Dämmerschein
Sich an der Wahrheit zu erfreun,
Der leert bedenklich seine Flasche,
Hebt seine Dose aus der Tasche,

Nimmt eine Prise, macht Habschieh!
Und spricht:
»Mein Sohn, die Sach ist die!
Eh man auf diese Welt gekommen
Und noch so still vorlieb genommen,
Da hat man noch bei nichts was bei;
Man schwebt herum, ist schuldenfrei,
Hat keine Uhr und keine Eile
Und äußerst selten Langeweile.
Allein man nimmt sich nicht in acht,
Und schlupp! ist man zur Welt gebracht.«

Zeichnung aus »Maler Klecksel«

In den Stundenplan schlich sich nun auch die Metrik
ein. Die großen heimatlichen Dichter wurden gele-
sen; ferner Shakespeare. Zugleich fiel mir »die Kritik
der reinen Vernunft« [Kant] nicht ganz verstanden,
doch eine Neigung erweckte, in den Laubengängen
des intimeren Gehirns zu lustwandeln, wo's bekanntlich schön schattig ist.

Bös und Gut

Wie kam ich nur aus jenem Frieden
Ins Weltgetös?
Was einst vereint, hat sich geschieden,
Und das ist bös.

Nun bin ich nicht geneigt zum Geben,
Nun heißt es: Nimm!
Ja, ich muss töten, um zu leben,
Und das ist schlimm.

Doch eine Sehnsucht blieb zurücke,
Die niemals ruht.
Sie zieht mich heim zum alten Glücke,
Und das ist gut.

Mich zog es unwiderstehlich abseits in das Reich der Naturwissenschaften. Ich las Darwin, ich las Schopenhauer damals mit Leidenschaft. Doch so was lässt nach mit der Zeit. Ihre Schlüssel passen ja zu vielen Türen in dem verwunschenen Schloss dieser Welt; aber kein »hiesiger« Schlüssel, so scheint's, und wär's der Asketenschlüssel, passt je zur Ausgangstür.

Wer jemals das Auge der energischen Bestialität hat blitzen sehn, den beschleicht eine grauenvolle Ahnung, dass ein einziger sonderbarer Halunke auf dem Uranus die Erlösung aufhalten, dass ein einziger Teufel stärker sein könnte, als ein ganzer Himmel voll Heiliger. Haben die Christen recht? Kommen die Unverbesserlichen am Schluss in die Hölle? Kann der einzelne eine Anleihe machen im Betrag seines Anteils an der gemeinsam kontrahierten Schuld, das Geld auf den Tisch legen und sagen: Adieu, auf Nimmerwiedersehn?!

Drüben, am andern Ufer des Stroms, steht der heilige Augustinus. Er nickt mir ernsthaft zu: Hier liegt das Boot des Glaubens; Gnade ist Fährmann; wer dringend ruft, wird herübergeholt. – Aber ich kann nicht rufen; meine Seele ist heiser; ich habe eine philosophische Erkältung.

> Kommt, o kommt herbeigezogen,
> Ihr verehrten Theologen,
> Die ihr längst die ew'ge Sonne
> Treu verspundet in der Tonne;
> Überschüttet mich mit Klarheit! –
> Doch vor allem hoff ich Wahrheit
> Von dem hohen Philosophen,
> Denn nur er, beim warmen Ofen,
> Als der Pfiffigste von allen,
> Fängt das Licht in Mäusefallen. –

Jede Sprache ist Bildersprache.

Es wohnen die hohen Gedanken
In einem hohen Haus.
Ich klopfte, doch immer hieß es:
Die Herrschaft fuhr eben aus!

Nun klopf ich ganz bescheiden
Bei kleineren Leuten an.
Ein Stückel Brot, ein Groschen
Ernähren auch ihren Mann.

Materie = Hartnäckigkeit der kleinsten Lebewesen

Die Kleinsten

Sag Atome, sage Stäubchen.
Sind sie auch unendlich klein,
Haben sie doch ihre Leibchen
Und die Neigung da zu sein.

Haben sie auch keine Köpfchen,
Sind sie doch voll Eigensinn.
Trotzig spricht das Zwerggeschöpfchen:
Ich will sein so wie ich bin.

Suche nur sie zu bezwingen,
Stark und findig wie du bist.
Solch ein Ding hat seine Schwingen,
Seine Kraft und seine List.

Kannst du auch aus ihnen schmieden
Deine Rüstung als Despot,
Schließlich wirst du doch ermüden,
Und dann heißt es: Er ist tot.

Durchweg lebendig

Nirgends sitzen tote Gäste.
Allerorten lebt die Kraft.
Ist nicht selbst der Fels, der feste,
Eine Kraftgenossenschaft?

Durch und durch aus Eigenheiten,
So und so zu sein bestrebt,
Die sich lieben, die sich streiten,
Wird die bunte Welt gewebt.

Hier gelingt es, da missglückt es.
Wünsche finden keine Rast.
Unterdrücker, Unterdrücktes,
Jedes Ding hat seine Last.

Glaub ich an die alte, gute, ehrliche, biedermännische Lehre von der Seelenwanderung? So ganz doch nicht! Aber ich fühle, dass Wahrheit dahinter steckt, wie hinter andern Religionen oder Mythologien. Ich sehe die »Wahrheit im Gewand der Dichtung«.

Jede Geburt ist Wiedergeburt. – Warum wissen wir nichts mehr von unserm Vorleben? Weil wir »Lethe« tranken, als wir starben, so gut, wie wir Lethe* trinken müssen, wenn wir sterben werden.–

Notabene

Die Lehre von der Wiederkehr
Ist zweifelhaften Sinns.
Es fragt sich sehr, ob man nachher
Noch sagen kann: Ich bins.

Allein was tuts, wenn mit der Zeit
Das alte Ich verblich?
Die Fähigkeit zu Lust und Leid
Lebt fort im neuen Ich.

* In der griech. Mythologie ist Lethe der Strom des Vergessens in der Unterwelt, aus dem die Seelen der Verstorbenen trinken, um Vergangenes zu vergessen.

Apropoh, Seelenwanderung! [...] Die Welt ist proppendevoll von nichts als lauter Seelen und Seelchen d. h. von Dingern, die dringend wünschen obenauf zu kommen, zu erscheinen, sich zu gestalten auf Kosten von andern, die sich das aber nicht ruhig gefallen lassen. Da braucht man Wurzeln, Blätter, Hand und Fuß und sonstige Werkzeuge, um rücksichtslos die werte Person zu erhalten. Natürlich gibt's immerfort Hindernisse, genannt Schmerzen. Man ermüdet schließlich, man stirbt, taucht unter, macht, wenn man's nicht lassen kann, einen neuen Versuch, sich emporzudrängeln, vielleicht unter viel ungünstigeren Verhältnissen als zuvor, und so geht's weiter, hunderttausendmillionenmal, so lange man wünscht, bis dass man zuletzt stutzig wird. Nämlich ein Organ gibt's, das Brägen heißt, oder Gedankenkapsel; eine Art von Laterne, wobei man sieht, was passiert, eine Art von Waage, worauf man erwägt, was zu tun ist. Hat nun einer dies Geschirr von vorzüglicher Güte und hat er allmählig die nötigen Knubse gekriegt, dann spricht und denkt er immer und immer und immer und zwar von Herzen: »Pfüt di Gott, Welt!! I geh in's Tirol!!« Ein solcher, willt se jo seggen, wird nicht wiedergeboren; seine Seele wandert nicht mehr und braucht sich nie mehr zu ärgern hienieden. –

Bemüh dich nur und sei hübsch froh,
Der Ärger kommt schon sowieso.

Dass es noch eine andre Wiedergeburt gibt, nämlich
die im »Reich der Gnade«, wag ich bloß zart zu erwähnen.

Wenn man in den Abendstunden das träumerisch
abgebrochene Flöten der Schwarzdrossel hört, ist's
nicht grad, als besänne sie sich auf ein altes vergesse-
nes Lied und könnt es nur noch nicht recht wieder
zusammenbringen?

Es sitzt ein Vogel auf dem Leim,
Er flattert sehr und kann nicht heim.
Ein schwarzer Kater schleicht herzu,
Die Krallen scharf, die Augen gluh.
Am Baum hinauf und immer höher
Kommt er dem armen Vogel näher.

Der Vogel denkt: Weil das so ist
Und weil mich doch der Kater frisst,
So will ich keine Zeit verlieren,
Will noch ein wenig quinquilieren
Und lustig pfeifen wie zuvor.
Der Vogel, scheint mir, hat Humor.

Was nun mich angeht, so bemüh ich mich, ein Erdenbewohner von der gemäßigten Sorte zu sein; hübsch untertan der Obrigkeit; nicht übermäßig betriebsam; nicht rundreisig; so einer, den »Geburtstage«, selbst der eigene, kaum mehr in Aufregung versetzen, wie das ja auch für einen, dem die Jahre in die Kiepe gestiegen, durchaus passend erscheint. –

Ja, und der siebenzigste Geburtstag! Das ist so 'ne Sach. Einem braven Bürgermeister, zum Beispiel, der sich sein Leben lang geplagt und geärgert hat, mag es zum Schluss seiner ruhmvollen Laufbahn willkommen sein, wenn ihm zu Ehren geredet, gegessen und getrunken wird, und wenn er so Gelegenheit findet, sich gerührt und herzlich zu bedanken. Bei mir aber, dessen leichte Betriebsamkeit man schon mehr als genügend gewürdigt hat, möchte doch eine solche Leichenfeier bei Lebzeiten ganz und gar nicht berechtigt sein. Überhaupt, ist denn das Altsein für die Leute, die damit behaftet sind, so was extra Lustiges, dass man ihnen mit hoppheh! dazu gratulieren kann? Ich finde nicht.

Eine Ruhe, im Sinn der Verholzung, besitz ich noch nicht. Ich hab nur sagen gewollt, dass ich mich fein still auf dem Platz halte, der mir zugewiesen, und von da aus in angemessener Bescheidenheit mit einer, sozusagen, mehr unparteiischen Heiterkeit diese Welt betrachte, als ehedem.

Ich bin Pessimist für die Gegenwart, aber Optimist für die Zukunft.

Antworten Wilhelm Buschs vom 22. Mai 1892 auf Anfragen von Frau Louise Fastenrath für ein Album.

Was ist Ihre hervorstechendste Eigenschaft?
»Reiselust nach der Grenze des Unfassbaren.«

Was wünschen Sie am sehnlichsten?
»Nein, nein! Das sagt er halt nicht.«

Was ist am schwersten zu erreichen?
»Dass man sich selbst hinter die Schliche kommt.«

Wie denken Sie über die Ehe?
»Wenn alles ehrlich zugeht, sehr hoch.«

Welches Vergnügen ist Ihnen das liebste?
»z. B. rauchen tut er auch gern.«

Definieren Sie die Liebe?
»Sehnsucht, unbewusst zu zweit ein Drittes zu bilden, was vielleicht besser ist als man selbst.«

Definieren Sie die Frau?
»Hauptlockvogel für diese Welt, günstigenfalls auch für die andere.«

Mein Kind, es sind allhier die Dinge,
Gleichviel, ob große, ob geringe,
Im wesentlichen so verpackt,
Dass man sie nicht wie Nüsse knackt.

Wie wolltest du dich unterwinden,
Kurzweg die Menschen zu ergründen.
Du kennst sie nur von außenwärts.
Du siehst die Weste, nicht das Herz.

Du willst was wissen von der vorläufig neuesten Philosophie [Nietzsche]. Ja, das geht man nich so. Zu dergleichen brauchts eine verbohrte Betriebsamkeit. Ich selbst, der ich natürlich keine Lust habe, meine sauerverdiente sogenannte Weltbetrachtung über die Hecke zu schmeißen, um dafür eine andre, jedenfalls nicht weniger hypothetische, mir anzuquälen, las von dem, was du meinst, nur wenig. Daher sag ich, unter Vorbehalt, nichts weiter als dies: Stülpe alles um; zu recht sag unrecht, zu gut sag bös, nenne den Teufel »mein Bester!«, und du hast die Moral von der Geschicht, sagen wir ziemlich, im Sack. Das Meisterdeutsch, den hinterrucks wühlenden Tiefsinn, die drumherum sind, könntest du nur bewundern bei höchsteigner Besichtigung. Was aber die »Schnäcke«* betrifft, die jetzund von den Papageien in allen Ecken wiederholt werden, so lass sie uns, bitte, lieber nicht mitplappern.

Es ist jetzt eine Manie, alles geschichtlich und wissenschaftlich zu erklären. Das muss ja wohl sein, hat auch sein Gutes. Die Geschichte ist dazu da, dass wir daraus lernen, und dass sie uns die großen Vorbilder gibt. Aber wie unsicher ist doch vieles, wie unsicher oft schon die Feststellung der Tatsachen. Es kommt mehr auf die innere Wahrheit an, als auf die äußerlich geschichtliche; und die werden sie wohl stehen lassen. Sie versuchen's ja immer wieder auf andere Weise. Aber über die innere Wahrheit des Christentums werden sie nicht hinauskommen. Ob die Jugendgeschichte Jesu nun historische Legende ist, bleibt sich ganz gleich. Alle Glaubenssachen sind Liebessachen; die kann man keinem anreden und keinem ausreden. 's ist wie bei der irdischen Liebe auch. Wenn ein Kerl in ein Weibsbild verliebt ist, so mögen die andern reden, was sie wollen, er bleibt dabei. Glaube ist Vertrauen und Liebe.

* Leeres Gerede.

31

Sorglos

Selbst mancher Weise
Besieht ein leeres Denkgehäuse
Mit Ernst und Bangen. –
Der Rabe ist ganz unbefangen.

Deine Glaubensfrage sieht fast so aus, als sollt ich
mich geleiten lassen vom Verstande, dem nützlichen
Gemüsezüchter, in einen Blumen- und Wundergar-
ten, wo er nichts von versteht. Ich mag ihm nicht folgen dahin. Das mögen andere tun, denen das Zwei-
feln und Räsonieren Vergnügen macht.

Du warst noch so ein kleines Mädchen
Von acht, neun Jahren ungefähr,
Da fragtest du mich vertraut und wichtig:
Wo kommen die kleinen Kinder her?

Als ich nach Jahren dich besuchte,
Da warst du schon über den Fall belehrt,
Du hattest die alte vertrauliche Frage
Hübsch praktisch gelöst und aufgeklärt.

Und wieder ist die Zeit vergangen.
Hohl ist der Zahn und ernst der Sinn.
Nun kommt die zweite wichtige Frage:
Wo gehen die alten Leute hin?

Madam, ich habe mal vernommen,
Ich weiß nicht mehr so recht von wem:
Die praktische Lösung dieser Frage
Sei eigentlich recht unbequem.

Die Zeit, die alles lindert, und die innere Kraft, die
der Ursprung aller Dinge ist, müssen das Beste tun.
– Was soll ich viel sagen? – Ich stehe auf der Grenze
von Hier und Dort, und fast kommt es mir vor, als ob
beides dasselbe wäre.*

---

* Diese Zeilen schrieb Wilhelm Busch 14 Tage vor seinem Tod.

II
Lächelnd die Wahrheit sagen

Manche Wahrheiten sollen nicht gesagt werden,
manche brauchen es nicht, manche müssen es.

In den kleinen Versen, welche Sie so freundlich aufgenommen, gnädige Frau, habe ich versucht, möglichst schlicht und bummlig die Wahrheit zu sagen –
so wie man sich etwa nach Tisch oder bei einem Spaziergange dem guten Freunde gegenüber aussprechen
würde.

Wer möchte diesen Erdenball
Noch fernerhin betreten,
Wenn wir Bewohner überall
Die Wahrheit sagen täten.

Ihr hießet uns, wir hießen euch
Spitzbuben und Halunken,
Wir sagten uns fatales Zeug
Noch eh wir uns betrunken.

Und überall im weiten Land,
Als langbewährtes Mittel,

Entsprosste aus der Menschenhand
Der treue Knotenknittel.

Da lob ich mir die Höflichkeit,
Das zierliche Betrügen.
Du weißt Bescheid, ich weiß Bescheid;
Und allen macht's Vergnügen.

Vergeblich

Schon recht. Du willst als Philosoph
Die Wahrheit dir gewinnen;
Du machst mit Worten ihr den Hof,
Um so sie einzuspinnen.

Nur sage nicht, dass zwischen dir
Und ihr schon alles richtig.
Sie ist und bleibt, das wissen wir,
Jungfräulich, keusch und züchtig.

Was Frau Wahrheit anbetrifft, so zeigt sie sich selbst
ihren intimsten Verehrern nur in keuscher Umhül-
lung.

Wer die nackte Wahrheit will, der male $a^2 + 2 \cdot a \cdot b + b^2$ auf der Wind- und Klappermühle, deren Wichtigkeit ich sonst nicht verkenne. –

> Wenn alles sitzen bliebe,
> Was wir in Hass und Liebe
> So von einander schwatzen;
> Wenn Lügen Haare wären,
> Wir wären rauh wie Bären
> Und hätten keine Glatzen.

Werden wir jemals die Wahrheit in Worten fangen? – Nie! – Unsere Philosophie nach dem dreißigsten Jahr heißt Glaube. –

Alle Worte scharwenzeln nur um die Wahrheit herum; sie ist keusch.

Diese sogenannten Wahrheiten habe ich doch ein wenig im Verdacht der Unbeständigkeit.

Dies sogenannte böse Gewissen sollte eigentlich das gute heißen, weil's ehrlich die Wahrheit sagt.

Vorwort

Ach, was muss man oft von bösen
Kindern hören oder lesen!!
Wie zum Beispiel hier von diesen,
Welche Max und Moritz hießen;

Die, anstatt durch weise Lehren
Sich zum Guten zu bekehren,
Oftmals noch darüber lachten
Und sich heimlich lustig machten. –
[...]

Foreword
auf Englisch

Oh, how full the Sunday papers
Are of naughty children's capers,
Like the tricks the ill-reputed
Max and Moritz executed.

Avant-propos
auf Französisch

Chacun craint l'acharnement
De nos vilains garnements!
Qui ne connaît dans le bourg
Max et Maurice et leurs tours?

Praefatio
auf Lateinisch

Nobis semper est audiendum
De maleficis, legendum,
Sicut de Mauritio
Maxo et amiculo.

auf Bairisch

Da Max, da Moritz, ja dee zwoa,
warn de meiste Zeit alloa.

auf Badisch-Pfälzisch

Ach, was muss ma oft vun beese
Kinner heere odder lese

auf Schlesisch

Ne, woas muuss ma monchmol hiern,
doss siech Kinder schlaicht uffiehrn

Alli kleine Galjestrickle
Spiele beesi Lumpestickle

Vierter Streich

Also lautet ein Beschluss:
Dass der Mensch was lernen muss. –
– Nicht allein das A-B-C
Bringt den Menschen in die Höh';
Nicht allein im Schreiben, Lesen
Übt sich ein vernünftig Wesen;
Nicht allein in Rechnungssachen
Soll der Mensch sich Mühe machen;
Sondern auch der Weisheit Lehren
Muss man mit Vergnügen hören. –

The Fourth Trick
auf Englisch

History at every turn
Shows that man has much to learn.
Not alone the ABC
Fuels man's ascendancy;
Not just literacy increases
The potential of the species;
Nor should clever book revision
Be the sum of man's ambition.
He must also hear with pleasure
Lessons drawn from wisdom's treasure.

Dolus quartus
auf Lateinisch

Est discendum omnibus:
Sic ait lex antiquitus.
Sed non solum elementis
Nos rem facimus discendis,
Neque unice legendo
Bene cedimus, scribendo,
Neque ratiocinando,
Numerando, computando –
Et consilia admittendo
Sapientia, sequendo.
Quae curabat Lempulus
Doctor litterarius.

Max und Moritz, diese Knaben,
Sollen, hör ich, Eltern haben,
Einen Der und eine Die,
Nämlich Scherz und Phantasie.

Max und Moritz machten beide,
Als sie lebten, keinem Freude:
Bildlich siehst Du jetzt die Possen,
Die in Wirklichkeit verdrossen,
Mit behaglichem Gekicher,
Weil Du selbst vor ihnen sicher.
Aber das bedenke stets:
Wie man's treibt – mein Kind –
so geht's.

Schadenfreude

Kaum hat mal einer ein bissel was,
Gleich gibt es welche, die ärgert das. –

Wir mögen's keinem gerne gönnen,
Dass er was kann, was wir nicht können.

Der klugen Leute Ungeschick
Stimmt uns besonders heiter;
Man fühlt doch für den Augenblick
Sich auch einmal gescheiter.

Die Reiter machen viel Vergnügen,
Besonders, wenn sie drunten liegen.

Wer sich freut, wenn wer betrübt,
Macht sich meistens unbeliebt.

Tröstlich

Nachbar Nickel ist verdrießlich,
Und er darf sich wohl beklagen,
Weil ihm seine Pläne schließlich
Alle gänzlich fehlgeschlagen.

Unsre Ziege starb heut morgen.
Geh und sag's ihm, lieber Knabe!
Dass er nach so vielen Sorgen
Auch mal eine Freude habe.

Selbstgefällig

Mein Büdelein
Is noch so tlein,
Is noch so dumm,
Ein ames Wum,
Muss tille liegen
In seine Wiegen
Und hat noch keine Hos'.
Ätsch, ätsch!
Und ich bin schon so goß.

Der Schadenfrohe

Ein Dornstrauch stand im Wiesental
An einer Stiege, welche schmal,
Und ging vorüber irgendwer,
Den griff er an und kratzte er.

Ein Lämmlein kam dahergehupft.
Das hat er ebenfalls gerupft.

Es sieht ihn traurig an und spricht:
Du brauchst doch meine Wolle nicht,
Und niemals tat ich dir ein Leid.
Weshalb zerrupfst du denn mein Kleid?
Es tut mir weh und ist auch schad.

Ei, rief der Freche, darum grad.

Die Selbstkritik hat viel für sich.
Gesetzt den Fall, ich tadle mich:
So hab ich erstens den Gewinn,
Dass ich so hübsch bescheiden bin;
Zum zweiten denken sich die Leut,
Der Mann ist lauter Redlichkeit;
Auch schnapp ich drittens diesen Bissen
Vorweg den andern Kritiküssen;
Und viertens hoff ich außerdem
Auf Widerspruch, der mir genehm.
So kommt es denn zuletzt heraus,
Dass ich ein ganz famoses Haus.

Das Reden tut dem Menschen gut;
Wenn man es nämlich selber tut;
[...]

Vor allen der Politikus
Gönnt sich der Rede Vollgenuss;
Und wenn er von was sagt, so sei's,
Ist man auch sicher, dass er's weiß.

Dort zeigen frei sie ihre Redegaben,
Sie, die zu Hause nichts zu sagen haben.

Zeichnung aus »Der Geburtstag«

Eule und Star

Guten Tag, Frau Eule!
Habt Ihr Langeweile? –
Ja, eben jetzt,
Solang Ihr schwätzt!

Zuweilen, doch nicht so herzlich, lacht man über
sich selber, sofern man sich mal bei einer mäßigen
Dummheit erwischt, indem man sich nun sogar noch
gescheiter vorkommt, als man selbst. –

Der Philosoph

Ein Philosoph von ernster Art
Der sprach und strich sich seinen Bart:

Ich lache nie. Ich lieb es nicht,
Mein ehrenwertes Angesicht
Durch Zähnefletschen zu entstellen
Und närrisch wie ein Hund zu bellen;
Ich lieb es nicht, durch ein Gemecker
Zu zeigen, dass ich Witzentdecker;
Ich brauche nicht durch Wertvergleichen
Mit andern mich herauszustreichen,
Um zu ermessen, was ich bin,
Denn dieses weiß ich ohnehin.

Das Lachen will ich überlassen
Den minder hochbegabten Klassen.

[...]

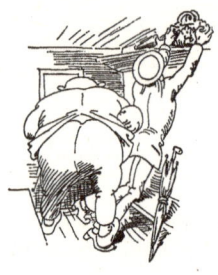

Des Lebens Freuden sind vergänglich;
Das Hühnerauge bleibt empfänglich.

Es ist halt schön …

Es ist halt schön,
Wenn wir die Freunde kommen sehn. –
Schön ist es ferner, wenn sie bleiben
Und sich mit uns die Zeit vertreiben. –
Doch wenn sie schließlich wieder gehn,
Ist's auch recht schön. –

Er stellt sich vor sein Spiegelglas
Und arrangiert noch dies und das.
Er dreht hinaus des Bartes Spitzen,
Sieht zu, wie seine Ringe blitzen,
Probiert auch mal, wie sich das macht,
Wenn er so herzgewinnend lacht,
Übt seines Auges Zauberkraft,
Legt die Krawatte musterhaft,
Wirft einen süßen Scheideblick
Auf sein geliebtes Bild zurück,
Geht dann hinaus zur Promenade,
Umschwebt vom Dufte der Pomade,
Und ärgert sich als wie ein Stint,
Dass andre Leute eitel sind.

Beruhigt

Zwei mal zwei gleich vier ist Wahrheit.
Schade, dass sie leicht und leer ist,
Denn ich wollte lieber Klarheit
Über das, was voll und schwer ist.

Emsig sucht ich aufzufinden,
Was im tiefsten Grunde wurzelt,
Lief umher nach allen Winden
Und bin oft dabei gepurzelt.

Endlich baut ich eine Hütte.
Still nun zwischen ihren Wänden
Sitz ich in der Welten Mitte,
Unbekümmert um die Enden.

III

»Man ist ja von Natur kein Engel, Vielmehr ein Welt- und Menschenkind«

Vergebens predigt Salomo.
Die Leute machen's doch nicht so.

Meine Überzeugung ist ein für alle Mal: Wir taugen alle zusammen in der Wurzel nicht, und schüttelten wir die guten Werke auch nur immer so aus dem großen Sack hervor.

Nicht artig

Man ist ja von Natur kein Engel,
Vielmehr ein Welt- und Menschenkind,
Und rings umher ist ein Gedrängel
Von solchen, die dasselbe sind.

In diesem Reich geborner Flegel,
Wer könnte sich des Lebens freun,
Würd es versäumt, schon früh die Regel
Der Rücksicht kräftig einzubläun.

Es saust der Stock, es schwirrt die Rute.
Du darfst nicht zeigen, was du bist.

Wie schad, o Mensch, dass dir das Gute
Im Grunde so zuwider ist.

Zur Tugend, wie man zu sagen pflegt,
Ist eigentlich keiner recht aufgelegt.

Reue

Die Tugend will nicht immer passen,
Im ganzen lässt sie etwas kalt,
Und dass man eine unterlassen,
Vergisst man bald.

Doch schmerzlich denkt manch alter Knaster,
Der von vergangnen Zeiten träumt,
An die Gelegenheit zum Laster,
Die er versäumt.

Als ich vor circa 100 Jahren mit dem alten Jäger Bicker mal durch den Wald spazierte, blieb er extra stehn, nahm mich beim Knopf, blickte mir mit seinen bejahrten Triefaugen weise und bedeutsam ins Gesicht und sprach in Anbetracht der allgemein tief eingewurzelten Boshaftigkeit: »Ich will Sie mal was sagen, Herr Busch! Wer kann den Esel das Bölken verwehren?!« –

Was ist die alte Mamsell Schmöle
Für eine liebe, treue Seele!
Sie spricht zu ihrer Dienerin:
Ach, Rieke, geh Sie da nicht hin!
Was will Sie da im goldnen Löben
Heut abend auf und nieder schweben?
Denn wedelt nicht bei Spiel und Tanz
Der Teufel fröhlich mit dem Schwanz?
Und überhaupt, was ist es nütz?
Sie quält sich ab, Sie kommt in Schwitz,
Sie geht hinaus, erkältet sich
Und hustet dann ganz fürchterlich.
Drum bleibe Sie bei mir nur lieber!
Und, Rieke, geh Sie mal hinüber
Und hole Sie von Kaufmann Fräse
Ein Viertel guten Schweizerkäse,
Und sei Sie aber ja ja ja
Gleich zur Minute wieder da!
So ist die gute Mamsell Schmöle
Besorgt für Riekens Heil der Seele.
Ja später noch, in stiller Nacht,
Ist sie auf diesen Zweck bedacht
Und schleicht an Riekens Kammertür
Und schaut, ob auch die Rieke hier,
Und ob sie auch in Frieden ruht
Und dass ihr ja nicht wer was tut,
Was sich nun einmal nicht gehört,
Was gottlos und beneidenswert.

Mein kleinster Fehler ist der Neid. –
Aufrichtigkeit, Bescheidenheit,
Dienstfertigkeit und Frömmigkeit.
Obschon es herrlich schöne Gaben,
Die gönn' ich allen, die sie haben.
Nur wenn ich sehe, dass der Schlechte
Das kriegt, was ich gern selber möchte;
Nur wenn ich leider in der Nähe
So viele böse Menschen sehe,
Und wenn ich dann so oft bemerke,
Wie sie durch sittenlose Werke
Den lasterhaften Leib ergötzen,
Das freilich tut mich tief verletzen.
Sonst, wie gesagt, bin ich hienieden
Gottlobundundank so recht zufrieden.

Ach, die sittenlose Presse!
Tut sie nicht in früher Stund
All die sündlichen Exzesse
Schon den Bürgersleuten kund?!

Klatschen heißt, anderer Leute Sünden beichten.

Da wundert sich wohl mancher sehr,
Wie's möglich sei, dass ein Malör
So schleunige Verbreitung finde.
Der Weise schweigt. Er kennt die Gründe. –

Bei Dir zu Haus geht's lustig, bemerk ich. Eine Angabe darüber, wie viel Du selber rauchst und trinkst
dabei, vermiss ich. Mir sagte mal ein katholischer Ka-
plan: im allgemeinen sei der Mensch mehr geneigt,
die Sünden anderer zu beichten, als seine eigenen.

Ein guter Mensch gibt gerne acht,
Ob auch der andre was Böses macht;
Und strebt durch häufige Belehrung
Nach seiner Bess'rung und Bekehrung.

»Helene!« – sprach der Onkel Nolte –
»Was ich schon immer sagen wollte!
Ich warne dich als Mensch und Christ:

Oh, hüte dich vor allem Bösen!
Es macht Pläsier, wenn man es ist,
Es macht Verdruss, wenn man's gewesen!«

»Ja leider!« – sprach die milde Tante –
»So ging es vielen, die ich kannte!
Drum soll ein Kind die weisen Lehren
Der alten Leute hochverehren!
Die haben alles hinter sich
Und sind, gottlob! recht tugendlich!«

»Das Gute – dieser Satz steht fest –
Ist stets das Böse, was man lässt!«

»Ei ja! – da bin ich wirklich froh!
Denn, Gott sei Dank! Ich bin nicht so!!«

Wenigstens Selbstironie sollte der Sünder haben –
also jedermann.

Tugend wohnt im Dachstübchen, Laster in der Bel-
etage. Ober- und Unterkörper.

Das Blut

Wie ein Kranker, den das Fieber
Heiß gemacht und aufgeregt,
Sich herüber und hinüber
Auf die andre Seite legt –

So die Welt. Vor Hass und Hader
Hat sie niemals noch geruht.
Immerfort durch jede Ader
Tobt das alte Sünderblut.

Tugend will ermuntert sein,
Bosheit kann man schon allein.

Zeichnung aus »Die fromme Helene«

Die Schändliche

Sie ist ein reizendes Geschöpfchen,
Mit allen Wassern wohl gewaschen;
Sie kennt die süßen Sündentöpfchen
Und liebt es, häufig draus zu naschen.

Da bleibt den sittlich Hochgestellten
Nichts weiter übrig, als mit Freuden
Auf diese Schandperson zu schelten
Und sie mit Schmerzen zu beneiden.

Ach, ich fühl es! Keine Tugend
Ist so recht nach meinem Sinn;
Stets befind ich mich am wohlsten,
Wenn ich damit fertig bin.

Dahingegen so ein Laster,
Ja, das macht mir viel Pläsier;
Und ich hab die hübschen Sachen
Lieber vor als hinter mir.

Leider!

So ist's in alter Zeit gewesen,
So ist es, fürcht ich, auch noch heut.
Wer nicht besonders auserlesen,
Dem macht die Tugend Schwierigkeit.

Aufsteigend musst du dich bemühen,
Doch ohne Mühe sinkest du.
Der liebe Gott muss immer ziehen,
Dem Teufel fällt's von selber zu.

Gott zieht an einer Hand, der Teufel an beiden Beinen.

So und so

Zur Schenke lenkt mit Wohlbehagen
Er jeden Abend seinen Schritt
Und bleibt, bis dass die Lerchen schlagen.
Er singt die letzte Strophe mit.

Dagegen ist es zu beklagen,
Dass er die Kirche nie betritt.
Hier, leider, kann man niemals sagen:
Er singt die letzte Strophe mit.

Ach, man will auch hier schon wieder
Nicht so wie die Geistlichkeit!! –

Ach der Tugend schöne Werke,
Gerne möcht ich sie erwischen,
Doch ich merke, doch ich merke,
Immer kommt mir was dazwischen.

Zeichnung aus
»Der heilige Antonius von Padua«

»Ich kenne doch so manchen Frommen!
So was ist mir nicht vorgekommen!!«

Der Verdächtige

Trau keinem Filou,
Und hätt er auch beide Augen zu.

IV

»Die Welt, das lässt sich nicht bestreiten, Hat ihre angenehmen Seiten«

Dämmrung war es, als Adele
Mit dem Freunde ihrer Seele,
Der so gerne Pudding aß,
Traulich bei der Tafel saß.

Es wird mit Recht ein guter Braten
Gerechnet zu den guten Taten;
Und dass man ihn gehörig mache,
Ist weibliche Charaktersache.
Ein braves Mädchen braucht dazu
Mal erstens reine Seelenruh,
Dass bei Verwendung der Gewürze
Sie sich nicht hastig überstürze.

Dann, zweitens, braucht sie Sinnigkeit,
Ja, sozusagen Innigkeit,
Damit sie alles appetitlich,
Bald so, bald so und recht gemütlich
Begießen, drehn und wenden könne,
Dass an der Sache nichts verbrenne.
In Summa braucht sie Herzensgüte,
Ein sanftes Sorgen im Gemüte,
Fast etwas Liebe insofern,
Für all die hübschen, edlen Herrn,
Die diesen Braten essen sollen
Und immer gern was Gutes wollen.
Ich weiß, dass hier ein jeder spricht:
Ein böses Mädchen kann es nicht.
Drum hab ich mir auch stets gedacht
Zu Haus und anderwärts:
Wer einen guten Braten macht,
Hat auch ein gutes Herz.

Diesen Sonntagabend aber waren wir bei einem Freunde des Müllers eingeladen, und wir waren unserer fünf, und es wurde aufgetragen auf den Tisch für sechs Personen Schinken und für fünfundzwanzig Personen Wurst; dazu tranken wir erst Tee mit Rum, dann Schokolade, dann Bier, dann Wein, bis uns der Knopf aus der Weste sprang.

Junge Hähnchen, sanft gebraten,
Dazu kann man dringend raten.

Gar lieblich dringen aus der Küche
Bis an das Herz die Wohlgerüche.
Hier kann die Zunge fein und scharf
Sich nützlich machen, und sie darf.
Hier durch Gebrätel und Gebrittel
Bereitet man die Zaubermittel
In Töpfen, Pfannen oder Kesseln,
Um ewig den Gemahl zu fesseln;
Von hier aus herrscht mit schlauem Sinn
Die Haus- und Herzenskönigin. –
Liebs Gretchen! Halt Dich wohlgemut!
Regiere mild und koche gut!

Zum Beispiel könnt er lange suchen
Nach solchem guten Pfannekuchen.
Hierin ist Doris ohne Fehl.
Stets nimmt sie einen Löffel Mehl,
Die nöt'ge Milch, dazu drei Eier,
Ja vier sogar, wenn sie nicht teuer,
Quirlt dies sodann und backt es braun
Mit Sorgfalt und mit Selbstvertraun;
Und jedesmal spricht Knopp vergnüglich:
»Der Pfannekuchen ist vorzüglich!«

Mama Fittig machte grad
Pfannekuchen und Salat,
Das bekannte Leibgericht,
Was so sehr zum Herzen spricht.

Eben geht mit einem Teller
Witwe Bolte in den Keller,
Dass sie von dem Sauerkohle
Eine Portion sich hole,
Wofür sie besonders schwärmt,
Wenn er wieder aufgewärmt. –

Denn nur der ist wirklich weise,
Der auch in die Zukunft schaut.
Denk an deine Lieblingsspeise:
Schweinekopf mit Sauerkraut.

Nichts Schönres gab's für Tante Lotte
Als schwarze Heidelbeerkompotte.

Alldieweil der Durst so groß,
Trink ich etwas eil'ger
Und erglänze alsobald
Wie ein neuer Heilger.

Rotwein ist für alte Knaben
Eine von den besten Gaben.

Stets trank er lieber Wein als Wasser
Und war auch nie ein Weiberhasser.

Wer als Wein- und Weiberhasser
Jedermann im Wege steht,
Der genieße Brot und Wasser,
Bis er endlich in sich geht.

Man sagt, ein Schnäpschen, insofern
Es kräftig ist, hat jeder gern.

Die erste Pflicht der Musensöhne
Ist, dass man sich ans Bier gewöhne.

Sie stritten sich beim Wein herum,
Was das nun wieder wäre;
Das mit dem Darwin wär gar zu dumm
Und wider die menschliche Ehre.

Sie tranken manchen Humpen aus,
Sie stolperten aus den Türen,
Sie grunzten vernehmlich und kamen zu Haus
Gekrochen auf allen vieren.

»Der Saft, der aus der Traube quoll,
Kann heut ja wohl nicht schaden!
Juhe! Wir sind ja wieder voll,
Ja wieder voller Gnaden!« –

Es ist ein Brauch von alters her:
Wer Sorgen hat, hat auch Likör.

Doch wer zufrieden und vergnügt,
Sieht auch zu, dass er welchen kriegt.

Zeichnung aus »Der Geburtstag«

Ein zynischer Gourmand pflegte zu sagen: »Das schmeckt, wie wenn einem 'n Engel was auf die Zunge macht«.

Oft findet man nicht den Genuss,
Den man mit Recht erwarten muss.
So geht es mit Tabak und Rum:
Erst bist du froh, dann fällst du um.

Ach! reines Glück genießt doch nie,
Wer zahlen soll und weiß nicht wie!

Den Abiturienten

Wohl ehedem, da trank des Weines
Auch ich mein Teil, und zwar kein kleines.
Nun aber muss ich mich bequemen,
Das Ding mehr objektiv zu nehmen,
Um, still verborgen hinterm Zaun,
Wenn andre trinken, zuzuschaun.

Und wahrlich! Wenn man fünfundfunfzig,
Dann ist es Zeit, dass die Vernunft sich
Vernehmen lässt und leise spricht:
Hör, Alter! Das bekömmt dir nicht!
Auch spürt man, dass man gar nicht mehr
So liebenswürdig, wie vorher.
Da ich denn also fürderhin
Zur Zierde nicht zu brauchen bin
Und wäre nur wie dürres Reisig
Im frischen Kranz der fünfunddreißig,
Und weil mein Saitenspiel schon staubig,
So seh ich, fühl ich, denk ich, glaub ich,
Es ist für mich das weitaus Beste,
Ich bleib von diesem Jubelfeste,
Von Fass und Spaß und Glas und Nass
Zu Haus mit meinem Brummelbass!

Enthaltsamkeit ist ein Vergnügen
An Sachen, wo wir nichts von kriegen.

Drei Wochen war der Frosch so krank!
Jetzt raucht er wieder, Gott sei Dank!

V

**»Liebe – sagt man schön und richtig –
Ist ein Ding, was äußerst wichtig«**

Ist nicht die Quelle unsers Daseins die Liebe?

> Hoch ist der Liebe süßer Traum
> Erhaben über Zeit und Raum. –

> Heija, der frische Mai,
> Er bringt uns mancherlei.
> Das Schönste aber hier auf Erden
> Ist lieben und geliebt zu werden,
> Heija, im frischen Mai.

Es lebe die Liebe! – Leben und Liebe. – Das klingt
so hübsch. – Wenn nur der alte unerbittliche Stab-
reim: Leid nicht sogleich dahintersäße.

Er leidet an einseitiger Liebe.

Es saß in meiner Knabenzeit
Ein Fräulein jung und frisch
Im ausgeschnittnen grünen Kleid
Mir vis-à-vis bei Tisch.

Und wie's denn so mit Kindern geht,
Sehr frömmig sind sie nie,
Ach, dacht ich oft beim Tischgebet,
Wie schön ist doch Marie!

Zeichnung aus »Schnurrdiburr«

Liebe – sagt man schön und richtig –
Ist ein Ding, was äußerst wichtig.
Nicht nur zieht man in Betracht,
Was man selber damit macht,
Nein, man ist in solchen Sachen
Auch gespannt, was andre machen. –

Vater werden ist nicht schwer,
Vater sein dagegen sehr.

Als ich so von ungefähr
Durch den Wald spazierte,
Kam ein bunter Vogel, der
Pfiff und quinquilierte.

Was der bunte Vogel pfiff,
Fühle und begreif ich:
Liebe ist der Inbegriff,
Auf das andre pfeif ich.

Platonische Liebe kommt mir vor wie ein ewiges
Zielen und Niemalslosdrücken.

Besonders die Partie nach der Köhlerhütte, tief im dunkelgrünen Wald, mit Wein in Menge und recht lustigen Frauenzimmern; beim Heimwege am späten Abend, Mädchen am Arm, flimmerte alles von tausend und tausend Funken, teils aus dem Kopf heraus, teils drum herum von Johanniswürmchen, wie ich so viel noch nie beieinand gesehn. Ein hübsches Kind, das ich da wieder fand, bot mir aufs Neue manch heimlich-gute Stunde. Ein närrisches Herz, was der Mensch im Leibe hat!

Zeichnung aus »Pater Filucius«

Sie war ein Blümlein hübsch und fein,
Hell aufgeblüht im Sonnenschein.
Er war ein junger Schmetterling,
Der selig an der Blume hing.

Oft kam ein Bienlein mit Gebrumm
Und nascht und säuselt da herum.
Oft kroch ein Käfer kribbelkrab
Am hübschen Blümlein auf und ab.
Ach Gott, wie das dem Schmetterling
So schmerzlich durch die Seele ging.
Doch was am meisten ihn entsetzt,
Das Allerschlimmste kam zuletzt.
Ein alter Esel fraß die ganze
Von ihm so heiß geliebte Pflanze.

Hat's nette kleine Mädel gesagt, es wollt eine Jung-
frau werden, so ist das ein Geschäft, was sich leicht
erlernt, aber schwierig weiter zu führen ist, sobald das
malefiz Herz an zu zucken und zu jucken fängt; dann
– und hoffentlich in allen Ehren – wird baldmög-
lichst umgesattelt.

Zeichnung aus »Julchen«

Und die Liebe per Distanz,
Kurz gesagt, missfällt mir ganz.

Man wünschte sich herzlich gute Nacht;
Die Tante war schrecklich müde;
Bald sind die Lichter ausgemacht,
Und alles ist Ruh und Friede.

Im ganzen Haus sind nur noch zween,
Die keine Ruhe finden,
Das ist der gute Vetter Eugen
Mit seiner Base Lucinden.

Sie wachten zusammen bis in der Früh,
Sie herzten sich und küssten.
Des Morgens beim Frühstück taten sie,
Als ob sie von nichts was wüssten.

Lass ihn

Er ist verliebt, lass ihn gewähren,
Bekümmre dich um dein Pläsier,
Und kommst du gar, ihn zu bekehren,
Wirft er dich sicher vor die Tür.

Mit Gründen ist da nichts zu machen.
Was einer mag, ist seine Sach,
Denn kurz gesagt: In Herzenssachen
Geht jeder seiner Nase nach.

Diese Malefizliebesglut ist das Hauptfeuer unter dem brodelnden Hexenkessel der Welt.

Das Bild des Mann's in nackter Jugendkraft,
So stolz in Ruhe und bewegt so edel,
Wohl ist's ein Anblick, der Bewundrung schafft;
Drum Licht herbei! Und merke dir's, o Schädel!

Jedoch ein Weib, ein unverhülltes Weib –
Da wird dir's doch ganz anders, alter Junge.
Bewundrung zieht sich durch den ganzen Leib
Und greift mit Wonneschreck an Herz und Lunge.

Und plötzlich jagt das losgelassne Blut
Durch alle Gassen, wie die Feuerreiter.
Der ganze Kerl ist eine helle Glut;
Er sieht nichts mehr und tappt nur noch so weiter.

Jede heftige Leidenschaft hat den Keim zu einer Tragödie im Leib. Vergeblich ist's zu sagen und zu klagen: Was kann ich denn dafür?! Das Schicksal, oder nenn's, wie du magst, ist ein strammer, unerbittlicher Reiter, der grad die wildesten Gäul nicht laufen lässt, wie sie wollen, sondern sie eher zu Tode jagt.

Lehrling: auch alles soll ich getan haben. Wenn nu die Meisterin 'n Kind kriegt, dann soll ich das auch wohl getan haben.

Summa summarum

Sag, wie wär es, alter Schragen,
Wenn du mal die Brille putztest,
Um ein wenig nachzuschlagen,
Wie du deine Zeit benutztest.

Oft wohl hätten dich so gerne
Weiche Arme warm gebettet;
Doch du standest kühl von ferne,
Unbewegt, wie angekettet.

Oft wohl kam's, dass du die schöne
Zeit vergrimmtest und vergrolltest,
Nur weil diese oder jene
Nicht gewollt, so wie du wolltest.

Demnach hast du dich vergebens
Meistenteils herumgetrieben;
Denn die Summe unsres Lebens
Sind die Stunden, wo wir lieben.

'S ist doch ein himmlisches Vergnügen,
Sein rundes Mädel herzukriegen
Und rund herum und auf und nieder
Im schönen Wechselspiel der Glieder
Die ahnungsvolle Kunst zu üben,
Die alle schätzen, welche lieben. –

Sie hat nichts und du desgleichen;
Dennoch wollt ihr, wie ich sehe,
Zu dem Bund der heil'gen Ehe
Euch bereits die Hände reichen.

Kinder, seid ihr denn bei Sinnen?
Überlegt euch das Kapitel!
Ohne die gehör'gen Mittel
Soll man keinen Krieg beginnen.

Die Liebe war nicht geringe.
Sie wurden ordentlich blass;
Sie sagten sich tausend Dinge
Und wussten noch immer was.

Sie mussten sich lange quälen,
Doch schließlich kam's dazu,
Dass sie sich konnten vermählen.
Jetzt haben die Seelen Ruh.

Bei eines Strumpfes Bereitung
Sitzt sie im Morgenhabit;
Er liest in der Kölnischen Zeitung
Und teilt ihr das Nötige mit.

Etwa ums Jahr 45 bezogen wir die Pfarre zu Lüthorst.

Unter meinem Fenster murmelte der Bach. Gegenüber am Ufer stand ein Haus, eine Schaubühne des ehelichen Zwistes. Das Stück fing an hinter der Szene, spielte weiter auf dem Flur und schloss im Freien. Sie stand oben vor der Tür und schwang triumphierend den Reiserbesen, er stand unten im Bach und steckte die Zunge heraus; und so hatte er auch seinen Triumph.

Zeichnung aus »Der Bauer und der Windmüller«

Im ersten Stock, beim Scheine der Lampe, sitzt ein altes trauliches Ehepaar. Fast fünfzig Jahre sind's her, dass sie sich liebend verbunden haben. Sie muss niesen. »War das eine Katze, die da prustet?« fragt er. »War das ein Esel, der da fragt?« spricht sie. –

So soll's sein! Wenn man auch früher verliebt war, das schadet nichts; wenn man nur später gemütlich wird. –

Wenn ich dereinst ganz alt und schwach,
Und's ist mal ein milder Sommertag,
So hink ich wohl aus dem kleinen Haus
Bis unter den Lindenbaum hinaus.
Da setz ich mich denn im Sonnenschein
Einsam und still auf die Bank von Stein,
Denk an vergangene Zeiten zurücke
Und schreibe mit meiner alten Krücke
Und mit der alten zitternden Hand

So vor mir in den Sand.

Selig sind die Auserwählten,
Die sich liebten und vermählten;
Denn sie tragen hübsche Früchte.
Und so wuchert die Geschichte
Sichtbarlich von Ort zu Ort.
Doch die braven Junggesellen,
Jungfern ohne Ehestellen,
Welche ohne Leibeserben
So als Blattgewächse sterben,
Pflanzen sich durch Knollen fort.

Meistens schüchtern, selten herrisch
Manchmal ernsthaft, manchmal närrisch
Zog er durch das Weltgetriebe,
Und fast immer fand er Liebe.

VI
Am »Busen der Natur«

Der Frühling hat eine erlösende Kraft.

Dass übrigens die sogenannte Erde inwendig noch munter ist, seh ich zu meiner Freude an den Schneeglöckchen und Krokus. Das Frühlingstheater wäre also mal wieder eröffnet.

Täglich beseh ich im Garten die träumenden Pflanzen. Sie leben noch, erwachen wieder, wenn der Frühling kommt, und so nehm ich sie als Bild unseres eigenen Daseins.

Jenes jugendliche, stark drängende Wonnegefühl des aufkeimenden Frühlings hat ja das Alter nur selten noch. Dafür entschädigt man sich, so gut es geht, durch intellektuelle Ergötzlichkeiten, durch genauere Beobachtung des täglichen Wachstums von jedwedem in seiner Art, durch das Pflanzen, Graben, Gießen, womit man sich wichtig macht und Einfluss gewinnt auf ein gutes Gedeihen, und ich darf wohl sagen, dass ich mich solchermaßen recht wohl unterhalten finde. Andre machen sich andre Pläsierchen. Gönnen wir jedem das seine.

Immer wieder

Der Winter ging, der Sommer kam.
Er bringt aufs Neue wieder
Den vielbeliebten Wunderkram
Der Blumen und der Lieder.

Wie das so wechselt Jahr um Jahr,
Betracht ich fast mit Sorgen.
Was lebte, starb, was ist, es war,
Und heute wird zu morgen.

Stets muss die Bildnerin Natur
Den alten Ton benützen,
In Haus und Garten, Wald und Flur,
Zu ihren neuen Skizzen.

Man verspürt Weltschmerz, wenn man sieht, wie die Bildnerin Natur auch ihre besten Arbeiten in den großen Tonkübel zurückschmeißt und sie einstampft mit den andern.

Fink und Frosch

Im Apfelbaume pfeift der Fink
Sein: pinkepink!
Ein Laubfrosch klettert mühsam nach
Bis auf des Baumes Blätterdach
Und bläht sich auf und quackt: »Ja ja!
Herr Nachbar, ick bin och noch da!«

Und wie der Vogel frisch und süß
Sein Frühlingslied erklingen ließ,
Gleich muss der Frosch in rauhen Tönen
Den Schusterbass dazwischen dröhnen.

»Juchheija heija!« spricht der Fink.
»Fort flieg ich flink!«
Und schwingt sich in die Lüfte hoch.

»Wat!« ruft der Frosch, »Dat kann ick och!«
Macht einen ungeschickten Satz,
Fällt auf den harten Gartenplatz,
Ist platt, wie man die Kuchen backt,
Und hat für ewig ausgequackt.

Wenn einer, der mit Mühe kaum
Geklettert ist auf einen Baum,
Schon meint, dass er ein Vogel wär,
So irrt sich der.

Bei uns ist jetzt auch der volle und wahrhaftige Frühling gekommen. Da sitzen wir des Abends im Gärtchen unter dem alten Birnenbaum; der säuselt dann so leise vor sich hin und lässt seine Blüten heruntersinken, und manchmal fällt mir eine in den Wein hinein. Ganz fern im Stadtgraben [Wolfenbüttel] da quacksen die Frösche; von den Linden herüber, die auf dem Walle stehn, quinquiliren und seufzen die Nachtigallen.

Die Bäume fahren im Frühling aus der Haut.

Osterhas

Es ist das Osterfest alljährlich
Doch für den Hasen recht beschwerlich.

Spatz und Schwalben

Es grünte allenthalben.
Der Frühling wurde wach.
Bald flogen auch die Schwalben
Hell zwitschernd um das Dach.

Sie sangen unermüdlich
Und bauten außerdem
Am Giebel rund und niedlich
Ihr Nest aus feuchtem Lehm.

Und als sie eine Woche
Sich redlich abgequält,
Hat nur am Eingangsloche
Ein Stückchen noch gefehlt.

Da nahm der Spatz, der Schlingel,
Die Wohnung in Besitz.
Jetzt hängt ein Strohgeklüngel
Hervor aus ihrem Schlitz.

Nicht schön ist dies Gebahren
Und wenig ehrenwert
Von einem, der seit Jahren
Mit Menschen viel verkehrt.

Ich war immer daheim, grub, krautete, stocherte, handhabte die Gießkanne, besah alles, was wuchs, tagtäglich genau und bin daher mit jeder Rose, mit jedem Kohlkopf, mit jeder Gurke intim bekannt geworden. Eine etwas beschränkte Welt, so scheint's. Und doch, wenn man's recht erwägt, ist all das Zeugs, von dem jedes einzelne unendlich und unergründlich ist, nicht weniger bemerkenswert, als Alpen und Meer, als Japan und China.

Die Rosen blühen. Die Erdbeeren hängen voll saftiger Früchte. Freilich die Singvöglein schweigen, nachdem sie ihre Liebesangelegenheiten für diesmal erledigt haben. Nur die Amsel flötet noch früh und spät im Wipfel des Birnbaums ihre gebrochenen Strophen, als besänne sie sich vergebens auf Lieder eines früheren Lebens. All dergleichen beachte ich noch gern – aber mehr rückwärtsgekehrt – die Hand auf dem Drücker der bekannten eisernen Tür, durch die man in die unbekannte Hinterwelt geht.

Das Korn wogt prächtig im Feld; im Garten sieht's weniger gut aus. Es ist ein Jubeljahr des Ungeziefers.

Und diese hartnäckige Tropensonne, welche Hirn und Glieder des Menschen dürr, träg und mürbe macht, scheint obendrein das Satansgezücht der Insekten (die Bienen ausgenommen) mit belebendem Feuer zu durchglühen und ihre Gelenkigkeit, Energie und Blutgier zu verdoppeln. Im Sofa betasten und belecken einen die Stubenfliegen, im Bette geben die Mücken keine Ruh, diese Ausgeburten des Schlammes, welche mit leisem Kriegsgesange ihr Opfer umkreisen und jede Blöße (und was für Blößen gibt man sich jetzund!) sofort für ihren Blutdurst zu verwerten wissen. Oder findet man etwa unter irgendeinem Apfel- oder Pflaumenbaume noch ein Plätzchen, welches nicht ganz verdorrt ist, so sind Ameisen, Ohrwürmer und Tausendfüße alsbald in voller Tätigkeit, um einem auch diese letzte Zuflucht und Erquickung gründlich zu versalzen.

> Fortuna lächelt, doch sie mag
> Nur ungern voll beglücken;
> Schenkt sie uns einen Sommertag,
> So schenkt sie uns auch Mücken.

Unwillkommener Besuch

Wird man im Mittagsschlaf gestört,
Das ist verdrießlich, das empört.

Inzwischen geht's mit diesem Sommer zu Ende. Seine durchweichten Rockschlappen flattern im Winde und matt und verdrießlich und fröstelnd streckt er dem Bruder Herbst die kalte Hand entgegen.

Im Herbst

Der schöne Sommer ging von hinnen,
Der Herbst, der reiche, zog ins Land.
Nun weben all die guten Spinnen
So manches feine Festgewand.

Sie weben zu des Tages Feier
Mit kunstgeübtem Hinterbein
Ganz allerliebste Elfenschleier
Als Schmuck für Wiese, Flur und Hain.

Ja, tausend Silberfäden geben
Dem Winde sie zum leichten Spiel,
Die ziehen sanft dahin und schweben
Ans unbewusst bestimmte Ziel.

Sie ziehen in das Wunderländchen,
Wo Liebe scheu im Anbeginn,
Und leis verknüpft ein zartes Bändchen
Den Schäfer mit der Schäferin.

Glück im Unglück

»Das war noch 'n Glück!«
Rief der Heuschreck. Da ließ er ein Bein zurück.

Den Bäumen vor meinem Fenster ist das letzte Blatt
aus den Händen gefallen; doch tröstlich durch sie
hindurch schimmern mir bereits neugrünende Rog-
genfelder entgegen, zum Zeichen unermüdlichen
Lebensdrangs aus der Tiefe nach oben.

Wer kann behaupten, dass die Naturgesetze ewig sind. Wir kennen nur das eine Ende davon.

Noch immer seh ich gern den Wechsel der Jahreszeiten, besonders den werdenden Frühling, doch auch den fertigen Sommer, den sanft melancholischen Herbst und den frischen Winter im weißen Gewande.

Hier auf dem Land herrscht zurzeit völlige Stille. Die Welt hat sich eine saubere Schneedecke dicht über die Ohren gezogen, um dann, nach dem üblichen Winterschlaf, im Frühling frisch und munter erwachen zu können – wie bisher – so lange wir denken – nach einem »ewigen« Gesetz, wie man zu sagen pflegt. Wer weiß? Die Natur, unendlich erfinderisch, lacht sich neckisch ins Fäustchen über uns wohlweise Regelpedanten. Vielleicht, eines schönen Donnerstagsmorgens fällt ihr was anderes ein.

Frau Holle muss dies Jahr wohl viel kleine Kinder verpflegen, denn ihre Bettfedern sind immer feucht gewesen.

Wenn es Silvester schneit,
Ist Neujahr nicht weit.

Mutter Natur, welche dem Individuum zu seiner Ausstattung erst allerlei vorschießt, hält sich eben für verpflichtet, es für die gemeinsamen Fonds, woraus es geliehen, wieder zu reklamieren, wenn es, ihrer Meinung nach, lange genug her ist.

Ja, mein guter, wohlsituierter und lebendiger Leser! So muss man überall bemerken, dass es Verdrießlichkeiten gibt in dieser Welt und dass überall gestorben wird. Du aber sei froh. Du stehst noch da, wie selbstverständlich, auf deiner angestammten Erde. Und wenn du dann dahinwandelst, umbraust von den ahnungsvollen Stürmen des Frühlings, und deine Seele schwillt mutig auf, als solltest du ewig leben; wenn dich der wonnige Sommer umblüht und die liebevollen Vöglein in allen Zweigen singen; wenn deine Hand im goldenen Herbst die wallenden Ähren streift; wenn zur hellglänzenden Winterzeit dein Fuß über blitzende Diamanten knistert – hoch über dir die segensreiche Sonne oder der unendliche Nachthimmel voll winkender Sterne – und doch, durch all die Herrlichkeit hindurch, allgegenwärtig, ein feiner, peinlicher Duft, ein leiser, zitternder Ton – und wenn du dann nicht so was wie ein heiliger Franziskus bist – sondern wenn du wohlgemut nach Hause gehst zum gutgekochten Abendschmaus und zwinkerst deiner reizenden Nachbarin zu und kannst schäkern und lustig sein, als ob sonst nichts los wäre, dann darf man dich wohl einen recht natürlichen und unbefangenen Humoristen nennen.

Zeichnung aus »Pater Filucius«

VII

»Froh schlägt das Herz im Reisekittel,
Vorausgesetzt, man hat die Mittel«

Mach dich auf und sieh dich um,
Reise mal 'n bissel rum.
Sieh mal dies und sieh mal das,
Und pass auf, du findest was

Zeichnung aus »Die fromme Helene«

Wanderlust

Die Zeit, sie orgelt emsig weiter,
Sein Liedchen singt dir jeder Tag,
Vermischt mit Tönen, die nicht heiter,
Wo keiner was von hören mag.

Sie klingen fort. Und mit den Jahren
Wird draus ein voller Singverein.
Es ist, um aus der Haut zu fahren.
Du möchtest gern woanders sein.

Nun gut. Du musst ja doch verreisen.
So fülle denn den Wanderschlauch.
Vielleicht vernimmst du neue Weisen,
Und Hühneraugen kriegst du auch.

Aber schon die Seefahrt von Emden aus machte mir
das größte Vergnügen. Drei Hüte flogen fort auf
ewig. Ein stattliches Kalb, welches ein Schlachter mit
überführte, richtete vermittelst seiner Wind- und
Wetterseite ergötzliches Unheil an. Ein paar junge
Damen wurden seekrank; die eine in meiner Nähe so
geschickt, dass ich mit dem Winde eine Art von Pas-
tetenfüllung ins linke Ohr bekam, worauf ich mich
bei Seite schlich und die Geschichte mühsam wieder
herausbohrte. Die Täterin war allerdings ein ganz
niedliches blasses Kind; was freilich in dieser Bezie-
hung für gewöhnlich ein kümmerlicher Trost ist;
aber das Rauschen der Wellen und die frische Seeluft
regen die Seele zu einer gesunden, duldsamen Heiterkeit an. –

Leicht reisefertig ist zumeist
Ein Mensch, wenn er als Dichter reist.

Die kleine Tasche, buntgestickt,
Ist schnell gefüllt und zugedrückt.
Ein Hut von Stroh als Sommerzier,
Ein Dichterkragen von Papier,
Das himmelblaue Flattertuch,
Der Feldstuhl, das Notizenbuch,
Ein Bleistift Nr. 4 und endlich
Das Paraplü sind selbstverständlich.

Für meinen Ausflug nach Celle hatte sich ein herrli-
ches Winter-[wetter] eingestellt. Ich musste allerdings früh aufstehn, fühlte mich aber trotzdem recht
zufrieden. Diese Zufriedenheit mit mir selber wurde
indessen etwas gestört, als ich in Stadthagen bemerkte, dass ich einen guten ganz spitzen Schuh und einen alten verschrumpelten ganz stumpfen Schuh

anhatte. So geht's, wenn ein Dösbartel bei Dämmer-
licht Toilette macht. – Bitte, lache nicht, wenigstens
nur mit einem Aug! – In Hannover (ätsch!) hatt ich
Zeit, mir ein Paar »Neue« zu kaufen.

Eine Art von Geschäftsreise führte mich nach Hei-
delberg, wo ich acht Tage unter weißen Regenwol-
ken saß, wie der Bleisoldat in der Schachtel, die mit
Watte zugedeckt.

> 's war Heidelberg, das sich erwählten
> Als Freudenort die Neuvermählten. –
> Wie lieblich wandelt man zu zwei'n
> Das Schloss hinauf im Sonnenschein.

> »Ach, sieh nur mal, geliebter Schorsch,
> Hier diese Trümmer alt und morsch!«
> »Ja!« – sprach er – »Aber diese Hitze!
> Und fühle nur mal, wie ich schwitze!«

Ruinen machen vielen Spaß. –
Auch sieht man gern das große Fass.
Und – alle Ehrfurcht! – muss ich sagen.
Alsbald, so sitzt man froh im Wagen
Und sieht das Panorama schnelle
Vorüberziehn bis zum Hotelle;
Denn Spargel, Schinken, Koteletts
Sind doch mitunter auch was Netts.

Hoch von gnadenreicher Stelle
Winkt die Schenke und Kapelle. –
[...]

Freudig eilt man nun zur Schenke,
Freudig greift man zum Getränke,
Welches schon seit langer Zeit
In des Klosters Einsamkeit
Ernstbesonnen, stillvertraut,
Bruder Jakob öfters braut.

In unserm Pfarrhause befinden sich zurzeit auch alle sehr wohl. Ich selbst, als steinalter Junge, der nicht mehr bewegungsfreudig ist, beschränke mich natürlich am liebsten nur auf die Spaziergänge im Garten und lasse die Schwalben reisen, die es besser verstehen als ich.

Unvermutet, wie zumeist,
Kommt die Tante zugereist.
Herzlich hat man sie geküsst,
Weil sie sehr vermöglich ist.

Zugereist in diese Gegend,
Noch viel mehr als sehr vermögend,
In der Hand das Perspektiv,
Kam ein Mister namens Pief.

»Warum soll ich nicht beim Gehen« –
Sprach er – »in die Ferne sehen?
Schön ist es auch anderswo,
Und hier bin ich sowieso.«

Am Harz bin ich gewesen, neulich, als so viel Schnee
in Wirbeln herunterfegte und auch das Dörflein ver-
hüllte, wo ich mich aufhielt. Es war grausam gemütlich. Man fühlte sich so weich und sauber verpackt,
wie eine Pflaume im Auflauf.

Das Reisen ist ein rechtes Vergnügen ja nur für den
jugendlichen Zerstreuungsdrang, oder wenn uns
freundschaftliche Beziehungen hinauslocken.

Bedächtig

Ich ging zur Bahn. Der Abendzug
Kam erst um halber zehn.
Wer zeitig geht, der handelt klug.
Er kann gemütlich gehn.

Der Frühling war so warm und mild,
Ich ging wie neubelebt,
Zumal ein wertes Frauenbild
Mir vor der Seele schwebt.

Dass ich sie heut noch sehen soll,
Dass sie gewiss noch wach,
Davon ist mir das Herz so voll,
Ich steh und denke nach.

Ein Häslein, das vorüberstiebt,
Ermahnt ich: Lass dir Zeit,
Ein guter Mensch, der glücklich liebt,
Tut keinem was zuleid.

Von ferne aus dem Wiesenteich
Erklang der Frösche Chor,
Und überm Walde stieg zugleich
Der goldne Mond empor.

Da bist du ja, ich grüße dich,
Du traulicher Kumpan.
Bedächtig wandelst du wie ich
Dahin auf deiner Bahn.

Dies lenkte meinen Denkersinn
Auf den Geschäftsverlauf;
Ich überschlug mir den Gewinn.
Das hielt mich etwas auf.

Doch horch, da ist die Nachtigall,
Sie flötet wunderschön.
Ich flöte selbst mit sanftem Schall
Und bleib ein wenig stehn.

Und flötend kam ich zur Station,
Wie das bei mir Gebrauch.
O weh, was ist das für ein Ton?
Der Zug der flötet auch.

Dort saust er hin. Ich stand versteint.
Dann sah ich nach der Uhr,
Wie jeder, der zu spät erscheint.
So will es die Natur.

Dem Reiseonkel, selbst in größter Hast,
Passiert es nie, dass er den Zug verpasst.

So geht es nun mal auf der Reise hienieden. Einer nach dem andern steigt aus, und der Zug saust weiter, bis die Station kommt, wo man selber aussteigen muss.

Zeichnung aus »Balduin Bählamm«

VIII

»Und wahrlich! Preis und Dank gebührt
Der Kunst, die diese Welt verziert«

Wie wohl ist dem, der dann und wann
Sich etwas Schönes dichten kann!

Zeichnung aus »Balduin Bählamm«

Oft ist das Denken schwer, indes
Das Schreiben geht auch ohne es.

Gedanken sind nicht stets parat,
Man schreibt auch, wenn man keine hat.

Neue Gedanken sind nicht häufig;
Sag uns die alten nur geläufig.

[...] Ideen und Einfälle richten sich leider nicht viel
nach Wünschen, sondern kommen »wann's megn«.

Erneuerung

Die Mutter plagte ein Gedanke.
Sie kramt im alten Kleiderschranke,
Wo Kurz und Lang, obschon gedrängt,
Doch friedlich, beieinander hängt.

Auf einmal ruft sie: Ei sieh da,
Der Schwalbenschwanz, da ist er ja!

Den blauen, längst nicht mehr benützten,
Den hinten zwiefach zugespitzten,
Mit blanken Knöpfen schön geschmückt,
Der einst so manches Herz berückt,

Ihn trägt sie klug und überlegt
Dahin, wo sie zu schneidern pflegt,
Und trennt und wendet, näht und misst,
Bis dass das Werk vollendet ist.

Auf die Art aus des Vaters Fracke
Kriegt Fritzchen eine neue Jacke.

Grad so behilft sich der Poet.
Du liebe Zeit, was soll er machen?
Gebraucht sind die Gedankensachen
Schon alle, seit die Welt besteht.

In Antwerpen sah ich zum ersten Mal im Leben die Werke alter Meister: Rubens, Brouwer, Teniers; später Frans Hals. Ihre göttliche Leichtigkeit der Darstellung, die nicht patzt und kratzt und schabt, diese Unbefangenheit eines guten Gewissens, welches nichts zu vertuschen braucht, dabei der stoffliche Reiz eines schimmernden Juwels, haben für immer meine Liebe und Bewunderung gewonnen; und gern verzeih ich's ihnen, dass sie mich zu sehr geduckt haben, als dass ich's je recht gewagt hätte, mein Brot mit Malen zu verdienen, wie manch anderer auch. Die Versuche, freilich, sind nicht ausgeblieben; denn geschafft muss werden, und selbst der Taschendieb geht täglich auf Arbeit aus.

Frans Hals ist in der Malerei das Unbefangenste, was es gibt. Es ist unglaublich, wie das gemalt ist. Er geht mir doch noch über Rubens und Rembrandt und van Dyck.

Der Alten ewig junge Götter –
Wenn mancher auch in Wind und Wetter
Und sonst durch allerlei Verdrieß
Kopf, Arm und Bein im Stiche ließ –
Ergötzen Kuno unbeschreiblich;
Besonders, wenn die Götter weiblich.

Wer wird vor allen hochgeschätzt?
Der Farbenkünstler! Und mit Grund!
Er macht uns diese Welt so bunt.

Zeichnung aus »Maler Klecksel«

Darum, o Jüngling, fasse Mut;
Setz auf den hohen Künstlerhut
Und wirf dich auf die Malerei;
Vielleicht verdienst du was dabei!

Für einen Porträtmaler

Die gnädige Frau, die alte,
Die hab ich konterfeit,
Sie hatte manche Falte,
Drob war sie nicht erfreut.

Sie hatte viele Pocken –
Ich fand den Teint so klar,
Sie hatte falsche Locken –
Ich lobt ihr schönes Haar.

Die Falten und die Runzeln
Die malt ich nimmermehr,
Drob tät sie gnädig schmunzeln,
Das freut die Alte sehr.

An ihrer roten Nase
Pries ich den feinen Ton,
Denn jede schöne Phrase
Die findet ihren Lohn.

Die Alte fand geraten
Ihr gnädig Konterfei,
Sie zahlt mir zehn Dukaten,
Weil's gar so ähnlich sei.

Am linken Daumen die Palette,
Steht er schon da vor seinem Brette
Und malt die alte Runzeltante,
Dass sie fast jeder wiederkannte.

Recht nützlich ist die Malerei,
Wenn etwas Heiligkeit dabei.

Sie verlangen mein Urteil über eine Kunstsache? –
Auweh! – Ich mag ja nur leiden und nicht leiden. –
Sie kennen meine Schwärmerei für die unvergleich-
lichen Niederländer des 17. Jahrhunderts.

Doch andern, darin mehr zurück,
Fehlt dieser unfehlbare Blick.
Sie lockt das zartere Gemüt
Ins anmutreiche Kunstgebiet,
Wo grade, wenn man nichts versteht,
Der Schnabel um so leichter geht.

Im vorigen Herbst fuhr ich eigens nach Düsseldorf, um mir ein Bild wieder anzusehn, das mir vor 50 Jahren außerordentlich gefallen hatte. Ob wir nun beide verändert waren, oder ich nur allein – kurzum, ich kehrte nicht befriedigt zurück. Ja, in so was muss man sich, wenn man alt wird, eben finden und den unaufhaltsamen Lauf der Dinge betrachten, ohne entrüstet zu sein, dass alles vorübergeht. –

Bilder, meine Tochter, nennt man nur solche Malereien, die beanspruchen fertig zu sein; von den übrigen sagt man, es seien Studien, Skizzen, oder G'schmier, wo nicht viel Ehre mit einzulegen ist, was man demnach vor den Augen der Leute gern zu verbergen sucht.

Der Künstler fühlt sich stets gekränkt,
Wenn's anders kommt, als wie er denkt.

Musik ist angenehm zu hören,
Doch ewig braucht sie nicht zu währen.

Des Bauern Töchterlein sitzt am Klavier. Es klopft. »Sind der Herr Vater zu Hause?« so fragte der Hammelkäufer. »Bedaure sehr!« erwidert sie zierlich. »Papa fährt Mist!« –

Ein erfreuliches Beispiel frisch aufblühender Bildungsverhältnisse, die noch etwas von dem kräftigen Dufte des humushaltigen Erdreichs an sich haben, worauf sie gewachsen sind. –

Musik wird oft nicht schön gefunden,
Weil sie stets mit Geräusch verbunden.

Ein Onkel, der Guts mitbringt, ist besser als eine Tante, die bloß Klavier spielt.

Gestern war in meiner Mütze
Mir mal wieder was nicht recht;
Die Natur schien mir nichts nütze
Und der Mensch erbärmlich schlecht.

Meine Ehgemahlin hab ich
Ganz gehörig angeplärrt,
Drauf aus purem Zorn begab ich
Mich ins Symphoniekonzert.

Doch auch dies war nicht so labend,
Wie ich eigentlich gedacht,
Weil man da den ganzen Abend
Wieder mal Musik gemacht.

»Forte vivace«
Zeichnung aus den »Fliegenden Blättern«

Es ist die Länge der Gesänge
Zu lang für meines Ohres Länge.

Ach, – Die Venus ist perdü –
Klickeradoms! – von Medici!

IX

»Einszweidrei, im Sauseschritt,
Läuft die Zeit; wir laufen mit«

Zeichnung aus »Julchen«

Seit ich *Kant* in die Hände kriegte, scheint mir die
Idealität von Zeit und Raum ein unwiderstehliches
Axiom*. Ich sehe die Glieder der Kette in eins:
Kinder, Eltern, Völker, Tiere, Pflanzen und Steine.
Und alle seh ich sie von einer Kraft erfüllt. –

Hartnäckig weiter fließt die Zeit;
Die Zukunft wird Vergangenheit.
Von einem großen Reservoir
Ins andre rieselt Jahr um Jahr;
Und aus den Fluten taucht empor
Der Menschen buntgemischtes Korps.

* Ein des Beweises nicht mehr bedürftiger Lehrsatz.

Sie plätschern, traurig oder munter,
'n bissel 'rum, dann gehen's unter
Und werden, ziemlich abgekühlt,
Für längre Zeit hinweggespült. –
Wie sorglich blickt das Aug' umher!
Wie freut man sich, wenn der und der,
Noch nicht versunken oder matt,
Den Kopf vergnügt heroben hat.

Für den Duderstädter Pferdemarkt, den wir sonst miteinand zu besuchen pflegten, kam ich diesmal leider zu spät. So stieg ich denn nur wie gewöhnlich auf die nahen Anhöhen, um mal nachzusehn, ob's alte Dörflein [Ebergötzen] noch so dalag. Fast unverändert lag's da auf beiden Seiten des Bachs an und zwischen den zwei Hügeln, wie ehedem. Aber wie hat dagegen das Verändernde die Bewohner verarbeitet. Die alten Wohlbekannten alle weg; die damals Jungen, darunter ich, jetzt alt und auch rücksichtslos so genannt, wie's denn auch wahr ist. Dahinter der junge Nachschub, bereit, seine Vordermänner bei passender Gelegenheit in schwarze Kisten zu verpacken und ins Suterräng zu bringen. Es geht schnell, wenn man so umschaut. Man betrachtet mit Wehmut das spielende Kindervolk, mit staunender Genugtuung sehr Alte, die es ausnahmsweise so lang ausgehalten, ohne schwach zu werden.

Wer längst Vergangenes in der Gegenwart aufsuchen möchte, setzt sich meist einer großen Enttäuschung aus.

> Seid mir nur nicht gar zu traurig,
> Dass die schöne Zeit entflieht,
> Dass die Welle kühl und schaurig
> Uns in ihre Wirbel zieht;
>
> Dass des Herzens süße Regung,
> Dass der Liebe Hochgenuss,
> Jene himmlische Bewegung,
> Sich zur Ruh begeben muss.
>
> Lasst uns lieben, singen, trinken,
> Und wir pfeifen auf die Zeit;
> Selbst ein leises Augenwinken
> Zuckt durch alle Ewigkeit.

Die Zeit, die alt Urschel, ist für ihre Jahre recht rüstig. Hinterrucks immer geschäftig, huscht sie geräuschlos vorüber in ihren Filzschuhen, den Haarbesen in der Hand. Ich dreh mich um – siehda! – ein ganzer Winter voll Schnee, ein Frühling sammt Veilchen und Nachtigallen, ein Sommer mit seinen Gemüsekörben und Rosensträußen – es ist alles fein sauber beiseit gekehrt an den Ort, wo geschrieben steht: »Vergangenheit! Hier wird Schutt abgeladen!« –

Scheint dir auch mal das Leben rauh,
Sei still und zage nicht,
Die Zeit, die alte Bügelfrau,
Macht alles wieder schlicht.

Die Zeit

So ist nun mal die Zeit allhie,
Erst trägt sie dich,
Dann trägst du sie;
Und wann's vorüber, weißt du nie.

Zeichnung aus »Bilder zur Jobsiade«

Im Mai, oder so, zur Zeit einer Anregung von der
liebenswürdigsten Seite, musst ich und wollt ich eben
nach Lüethorst, um nach bereits viel zu langer Pause
meinen Onkel zu besuchen, der 89 Jahr alt geworden

war.* Ich fand ihn friedlich rauchend zwischen selbstokulierten Rosen. Appetit gut. Geistig fast genau so frisch, wie ich ihn jemals gekannt hatte. Ein ermunterndes Vorbild für diejenigen, die ein übererkleckliches Alter für wünschenswert halten. Was mich betrifft, wenn ich mir's recht überlege, möcht ich doch danken dafür. –

Nachher las ich drin bei der hängenden Lampe. Ein Maikäfer, einer von den vielen dies Jahr, flog durch's offene Fenster, surrte um's Licht, stieß sich, fiel auf den Rücken und strampelte hilflos mit den Beinen. Vermutlich war er erst eben aus der Erde gekrochen, denn er hatte noch ein Klümpchen Dreck auf der Nase. Ich ließ i[h]n hinaus, wo's besser für ihn. Kurz währt sein Dasein auf der Oberwelt. Viel Grünfutter, ein Bissel Liebe, dann ist's für diesmal vorbei mit ihm. Aber tausend Jahre, von hinten besehn, sind wohl auch nicht viel mehr.

> Der alte Förster Püsterich
> Der ging nach langer Pause
> Mal wieder auf den Schnepfenstrich
> Und brachte auch eine nach Hause.

* Georg Kleine (1806–1897), Pastor in Ebergötzen und Lüthorst. Ziehvater Buschs.

Als er sie nun gebraten hätt,
Da tät ihn was verdreußen;
Das Tierlein roch wie sonst so nett,
Nur konnt er's nicht recht mehr beißen.

Ach ja! so seufzt er wehgemut
Und wischt sich ab die Träne,
Die Nase wär so weit noch gut,
Nur bloß, es fehlen die Zähne.

Aber die selige Pastorin Prömmelmann, als die ihren
schönen falschen Zahn sich ausgebissen und hinter-
geschluckt – ach lieber Gott! – was musste die für
schwere Prüfungen erleben, eh' sie ihn wieder an seiner ersten Stelle hatte!

Lache nicht

Lache nicht, wenn mit den Jahren
Lieb und Freundlichkeit vergehen,
Was Paulinchen ist geschehen,
Kann auch dir mal widerfahren.

Sieh nur, wie verändert hat sich
Unser guter Küchenbesen.
Er, der sonst so weich gewesen,
Ist jetzunder stumpf und kratzig.

Zeichnung aus »Die fromme Helene«

An Helene*

So hat sich denn schon sechsunddreißig Male
Das Jahr erneut in diesem Erdentale,
Seit Du erschienst in Deiner Schändlichkeit.
Viel ist passiert von dazumal bis heut,
Darunter viel, was wir nicht gern erlebten.
Die Bomben krachten und die Berge bebten.
Zum Teil ins Wackeln kam das Weltgerüst.
[...]
Sobald nur hundert Jahre erst verflossen,
Wo, unter andern, sind dann unsre Possen?
Die Lampe fällt. Was bleibt noch auf der Szene?
Ein Häufchen Asche, wie von Dir, Helene.

---

*   Für eine Festausgabe der *Frommen Helene* schrieb Busch im Juli
    1906 dieses Gedicht.

Drauf kommt die Zeit mit ihrem Reiserbesen
Und fegt es weg, als wär es nie gewesen.
Mir selbst ist so, als müsst ich bald verreisen –
Die Backenzähne schenkt ich schon den Mäusen –
Als müsst ich endlich mal den Ort verändern
Und weiter ziehn nach unbekannten Ländern.
Mein Bündel ist geschnürt. Ich geh zur See.
Und somit, Lenchen, sag ich Dir ade!

Seit ich zuletzt von Dir hörte, sind wieder mal 1000 Jahre vorbeigerutscht, wie geschmiert. Je älter man wird, je hastiger tritt sie einem auf die Hacken – die Zeit – die sogenannte. Denn wider besseres Wissen, unter dem Zwange des verzwickten Gehirns, müssen wir denken, dass alles vorübergeht und schließlich entschlummert – auch wir – auch die Episteln der Freundschaft. All die guten Vegetabilien* draußen in Garten und Feld sind eingeerntet oder haben sich verhüllt gegen den empfindlich nahenden Winter. Wohl rühren sich die Schneeglöckchen, die Primeln, der keimende Roggen in Morgenträumen; aber nichts, was war, wacht auf, wie es einstmals gewesen ist.

* Pflanzliche Nahrungsmittel.

Dank und Gruß*

Ich weiß nicht mehr genau, wie es gekommen.
Kurzum! Nach längerem Verborgensein
Hab ich dereinst auf Erden Platz genommen,
Um auch einmal am Licht mich zu erfreun.
Und alsogleich fasst mich die Zeit beim Kragen
Und hat mich neckisch, ohne viel zu fragen,
Bald gradeaus, bald wiederum im Bogen,
Durch diese bunte Welt hindurchgezogen.

Inzwischen pflück ich an des Weges Rand
Mir dies und das, was ich ergötzlich fand.
Auch leert ich manchmal manchen vollen Krug
Mit guten Freunden, bis es hieß: Genug!
Nur eins erschien mir oftmals recht verdrießlich:
Besah ich was genau, so fand ich schließlich,
Dass hinter jedem Dinge höchst verschmitzt
Im Dunkel erst das wahre Leben sitzt.

Allein, wozu das peinliche Gegrübel?
Was sichtbar bleibt, ist immerhin nicht übel.
Nun kommt die Nacht. Ich bin bereits am Ziele.
Ganz nahe hör ich schon die Lethe fließen.
Und sieh! Am Ufer stehen ihrer viele,
Mich, der ich scheide, freundlich zu begrüßen.
Nicht allen kann ich sagen: Das tut gut!
Der Fährmann ruft. Ich schwenke nur den Hut.

* Mechtshausen 1907. Geschrieben aus Anlass der vielen Glückwünsche zu seinem 75. Geburtstag.

X

»Man hätte so gerne seine Ruh«

Man hätte so gerne seine Ruh
Und raucht' eine Pfeife Tobak dazu.
Gleich schreit der Doktor: Entweder – oder!
Spazieren oder das Leben verlieren!

Wirklich, er war unentbehrlich!
Überall, wo was geschah
Zu dem Wohle der Gemeinde,
Er war tätig, er war da.

Schützenfest, Kasinobälle,
Pferderennen, Preisgericht,
Liedertafel, Spritzenprobe,
Ohne ihn da ging es nicht.

Ohne ihn war nichts zu machen,
Keine Stunde hatt' er frei.
Gestern, als sie ihn begruben,
War er richtig auch dabei.

Was mich betrifft, so hab ich es schon längst für passend gefunden, seitab von der »großen Welt« zu wohnen. Nur schwach aus der Ferne hör ich das Knarren und Sausen des Räderwerks.

Ich will ungestört meiner »idyllischen« Neigung folgen, ich will meine Ruhe haben – zih! – da singt die Stechmücke – [...].

Die Stille des alten Pfarrhauses tut mir wohl. In milder Behaglichkeit gehen die drei letzten Monate wieder an mir vorüber.

Meine Zeit geht immer so gleichmäßig und gemütlich dahin. Morgens wird gearbeitet, nachmittags bummle ich, trinke in der Dämmrung meine Halbe Wein und lege mich frühzeitig auf's Ohr. Die letzten Wochen habe ich ein kleines Buch [*Kritik des Herzens*] fertig gemacht, welches augenblicklich gedruckt wird, damit es dann gegen Weihnachten auf den Markt getrieben werden kann.

»Sei mir willkommen, süßer Schlaf!
Ich bin zufrieden, weil ich brav!«

Zeichnung aus »Max und Moritz«

Wenn's einer davon haben kann,
So bleibt er gerne dann und wann
Des Morgens, wenn das Wetter kühle,
Noch etwas liegen auf dem Pfühle
Und denkt sich so in seinem Sinn:
Na, dämmre noch 'n bissel hin!
Und denkt so hin und denkt so her,
Wie dies wohl wär, wenn das nicht wär. –
Und schließlich wird es ihm zu dumm. –
Er wendet sich nach vorne um,
Kreucht von der warmen Lagerstätte
Und geht an seine Toilette.

Zeichnung aus »Die fromme Helene«

Gründer

Geschäftig sind die Menschenkinder,
Die große Zunft von kleinen Meistern,
Als Mitbegründer, Miterfinder
Sich diese Welt zurechtzukleistern.

Nur leider kann man sich nicht einen,
Wie man das Ding am besten mache.
Das Bauen mit belebten Steinen
Ist eine höchst verzwickte Sache.

Welch ein Gedrängel und Getriebe
Von Lieb und Hass bei Nacht und Tage,
Und unaufhörlich setzt es Hiebe,
Und unaufhörlich tönt die Klage.

Gottlob, es gibt auch stille Leute,
Die meiden dies Gewühl und hassen's
Und bauen auf der andern Seite
Sich eine Welt des Unterlassens.

Es war unglaublich still und einsam [in Wieden-sahl]; ein Zustand, den ich nicht ohne ein gewisses Behagen ertragen und genossen habe. – Die Abfassung eines kleinen Buches [*Kritik des Herzens*] hat mir einen Monat lang die Zeit vertrieben.

Dem Herrn Inspektor tut's so gut,
Wenn er nach Tisch ein wenig ruht.

Erquicklich ist die Mittagsruh,
Nur kommt man oftmals nicht dazu.

Ich fühle mich recht behaglich dabei, zeichne fleißig und preise die Götter, dass ich einsam sein kann, wann mir's gefällt.

Nur scheint der Hang zur Einsamkeit, wie die Glatze, immer größer zu werden. Ich wünschte fast noch tiefer in der Heide zu sitzen, da wo der Birke spärliche Locken im Winde wehn.

Denen, die der Ruhe pflegen,
Kommen manche ungelegen.

Und wie er sich umschaut, der fromme Mann,
Schaut ihn ein hübsches Mädchen an. – –
– Der heilige Antonius von Padua
War aber ganz ruhig, als dies geschah.
Er sprach: »Schau du nur immer zu,
Du störst mich nicht in meiner christlichen Ruh!«

Der heilige Antonius, ruhig und heiter,
Las aber in seinem Buche weiter! –
Oh, heil'ger Antonius von Padua,
Du kennst uns ja!
So lass uns denn auf dieser Erden
Auch solche fromme Heilge werden!

Meiner Neigung folgend, bin ich fortwährend zum ländlichen Leben zurückgekehrt und sitze jetzt, nicht ohne Gemütlichkeit, schon zu lange abseits von der Welt, um noch den mindesten Wunsch zu hegen, mich in ihr Gedrängel hineinzumischen.

Ich sage bloß, die Welt ist böse.
Was soll zum Beispiel das Getöse,
Was jetzt so manche Menschen machen
Mit Knallbonbons und solchen Sachen.

Man wird ja schließlich ganz vertattert,
Wenn's immer überall so knattert.
Das sollte man wirklich solchen Leuten
Mal ernstlich verbieten und zwar beizeiten,
Sonst sprengen uns diese Schwerenöter
Noch kurz und klein bis hoch in den Äther,
Und so als Pulver herumzufliegen,
Das ist grad auch kein Sonntagsvergnügen.
Wie oft schon sagt ich: »Man hüte sich.
Was hilft's? Man hört ja nicht auf mich.
Ein jeder Narr tut, was er will.
Na, meinetwegen! Ich schweige still!«

An den »Krökelorden«

Ein alter Kauz, im hohlen Baum,
Vertieft in seinen Tagestraum,
Doch aufgewacht durch lautes Pochen
Von Meister Specht und durch die Lieder
Der Vöglein, ist hervorgekrochen
Und spricht also:
»Ihr Waldesbrüder!
Die Welt, das lässt sich nicht bestreiten,
Hat ihre angenehmen Seiten;
Sie liefert Körner, Käfer, Mäuse
Zum Wohlgeschmack in jeder Weise
Und geht auch wohl so bald nicht unter.
Ich grüße euch; bleibt nur hübsch munter

Und macht euch möglichst viel Pläsier.
Doch ich, der alt und kalt geworden,
Ich passe nicht in euren Orden;
Mir ziemt die Ruhe. Gönnt sie mir.«
Und als der Kauz also gesprochen,
Ist er zurück ins Loch gekrochen.

Na, nun hat er seine Ruh.
Ratsch! – Man zieht den Vorhang zu.

Prosaischer Kauz

Der holde Mond erhebt sich leise.
Ein alter Kauz denkt nur an Mäuse.

XI

»Ach, die Welt ist so geräumig, Und der Kopf ist so beschränkt«

Sokrates, der alte Greis,
Sagte oft in tiefen Sorgen:
»Ach, wie viel ist doch verborgen,
Was man immer noch nicht weiß.«

Und so ist es. – Doch indessen
Darf man eines nicht vergessen:
Eines weiß man doch hienieden,
Nämlich, wenn man unzufrieden. –

Der Mensch, durchtrieben und gescheit,
Bemerkte schon seit alter Zeit,
Dass ihm hienieden allerlei
Verdrießlich und zuwider sei.
Die Freude flieht auf allen Wegen;
Der Ärger kommt uns gern entgegen.
Gar mancher schleicht betrübt umher;
Sein Knopfloch ist so öd und leer.
Für manchen hat ein Mädchen Reiz,
Nur bleibt die Liebe seinerseits.
Doch gibt's noch mehr Verdrießlichkeiten.
Zum Beispiel lässt sich nicht bestreiten:

Die Sorge, wie man Nahrung findet,
Ist häufig nicht so unbegründet.
Kommt einer dann und fragt: Wie geht's?
Steht man gewöhnlich oder stets
Gewissermaßen peinlich da,
Indem man spricht: Nun, so lala!
Und nur der Heuchler lacht vergnüglich
Und gibt zur Antwort: Ei, vorzüglich!
Im Durchschnitt ist man kummervoll
Und weiß nicht, was man machen soll. –

Stets äußert sich der Weise leise,
Vorsichtig und bedingungsweise. –

Dumme Gedanken hat jeder, nur der Weise verschweigt sie.

Der Philosoph, wie der Hausbesitzer, hat immer Reparaturen.

Auch das kleinste Ding hat seine Wurzel in der Unendlichkeit – ist also nicht völlig zu ergründen.

Die Welt ist wie Brei. Zieht man den Löffel heraus, und wär's der größte, gleich klappt die Geschichte wieder zusammen, als wenn gar nichts passiert wäre.

Der philosophische Ballon steigt nicht über die irdische Atmosphäre hinauf.

Und wär's nur ein Maulwurfshaufen – Fernsicht.

Gewissheit gibt allein die Mathematik. Aber leider streift sie nur den Oberrock der Dinge. Wer je ein gründliches Erstaunen über die Welt empfunden, will mehr. Er philosophiert – und was er auch sagen mag – er glaubt. – In meinem elften Jahr verblüffte mich der Widerspruch zwischen der Allwissenheit Gottes und dem freien Willen des Menschen; mit 15 Jahren zweifelte ich am ganzen Katechismus.

Idealismus ist ja meine Philosophie, aber die Praxis ist ein Ding für sich.

Wer zusieht, sieht mehr, als wer mitspielt.

Wer rudert sieht den Grund nicht.*

Kein Ding sieht so aus, wie es ist. Am wenigsten der Mensch, dieser lederne Sack voller Kniffe und Pfiffe. Und auch abgesehn von den Kapriolen und Masken der Eitelkeit. Immer, wenn man was wissen will, muss man sich auf die zweifelhafte Dienerschaft des Kopfes und der Köpfe verlassen und erfährt nie recht, was passiert ist.

Musste erst mit dem Kopf gegen die Bäume rennen, eh er merkte, dass er auf dem Holzweg war.

Was mich betrifft, so bin ich bescheiden und bewahre mir wenigstens eine heitere Gelassenheit, die jeden andern gewähren lässt in seiner Art.

* Randschrift der 10-Euro-Gedenkmünze anlässlich des 175. Geburtstags von Wilhelm Busch (2007).

Beschränkt

Halt dein Rösslein nur im Zügel,
Kommst ja doch nicht allzuweit.
Hinter jedem neuen Hügel
Dehnt sich die Unendlichkeit.
Nenne niemand dumm und säumig,
Der das Nächste recht bedenkt.
Ach, die Welt ist so geräumig,
Und der Kopf ist so beschränkt.

Da drinnen hocken sie, Zahlen im Kopf, Bazillen im Herzen! Alles pulverisieren sie: Gott, Geist und Goethe.

Kinder, in ihrer Einfalt, fragen immer und immer: Warum? Der Verständige tut das nicht mehr; denn jedes Warum, das weiß er längst, ist nur der Zipfel eines Fadens, der in den dicken Knäuel der Unendlichkeit ausläuft, mit dem keiner recht fertig wird, er mag wickeln und haspeln, so viel er nur will.

Vor Jahren freilich, als ich eben den kleinen Ausflug machte, von dem weiter unten berichtet wird, da dacht ich auch noch oft darüber nach, warum grad mir, einem so netten und vorzüglichen Menschen, das alles passieren musste. Jetzt sitz ich da in sanfter

Gelassenheit und flöte still vor mich hin, indem ich kurzweg annehme: Was im Kongress aller Dinge beschlossen ist, das wird ja wohl auch zweckgemäß und heilsam sein.

Glaube beruht auf Ursachen, nicht auf Gründen.

Glaubenssachen sind Liebessachen. Es gibt keine Gründe dafür oder dagegen.

Wer in Glaubenssachen den Verstand befragt, kriegt unchristliche Antworten.

Wer sich aufs Gebiet des Verstandes begibt, muss sich den Gesetzen des Landes fügen.

Glaube durch Verstand gestützt: Vogel, dem man eine Leiter bringt, dran in die Luft zu steigen.

Auf der eignen Leiter steigt man nicht über die Mauer des verlorenen Paradieses.

Metaphysik und Worte! – Das ist grade so, als wenn man einem die Lehre von der Erbsünde auf der Flöte vorspielt. –

Du tippst an die religiöse Saite. Ja, da muss ich sagen, was ich schon oft gesagt habe: Der Glaube ist so was wie Liebe; er beruht nicht auf Gründen, sondern auf Ursachen. Deshalb ist mit dem Verstande nicht viel zu machen dabei, weder für noch wider, und darum überlassen wir den Rationalismus wohl am besten den aufgeklärten Hausknechten und Gemüsefrauen. Zunächst ist der Verstand für die Bedürftigkeiten des Lebens bestimmt. Wer dann noch welchen über hat, nun gut, der mag ihn anwenden, um sich die verzwickten Dinge dieser Welt ein wenig zurechtzulegen.

Eigentlich hat's ja nicht viel auf sich mit dem besten Pessimismus. An dem Glücklichen gleitet er ab, wie Wasser an der pomadisierten Ente, und der Unglückliche weiß ohne weiters bescheid.

Für jede angenehme Erwartung gibt's mindestens drei unangenehme Möglichkeiten.

Dunkle Zukunft

Fritz, der mal wieder schrecklich träge,
Vermutet, heute gibt es Schläge,
Und knöpft zur Abwehr der Attacke
Ein Buch sich unter seine Jacke,
Weil er sich in dem Glauben wiegt,
Dass er was auf den Buckel kriegt.

Die Schläge trafen richtig ein.
Der Lehrer meint es gut. Allein
Die Gabe wird für heut gespendet
Mehr unten, wo die Jacke endet,
Wo Fritz nur äußerst leicht bekleidet
Und darum ganz besonders leidet.

Ach, dass der Mensch so häufig irrt
Und nie recht weiß, was kommen wird!

Stets findet Überraschung statt
Da, wo man's nicht erwartet hat.

Nur immer fix – sonst kriegste nix.

Viel besser als ein guter Wille
Wirkt manchmal eine gute Pille.

Wenn andre klüger sind als wir,
Das macht uns selten nur Pläsier,
Doch die Gewissheit, dass sie dümmer,
Erfreut fast immer.

Dummheit, die man bei andern sieht,
Wirkt meist erhebend aufs Gemüt.

Vielleicht

Sage nie: Dann soll's geschehen!
Öffne dir ein Hinterpförtchen
Durch »Vielleicht«, das nette Wörtchen,
Oder sag: Ich will mal sehen!
Denk an des Geschickes Walten.
Wie die Schiffer auf den Plänen
Ihrer Fahrten stets erwähnen:
Wind und Wetter vorbehalten!

Sehr verständig war der Mann,
Der das Wort »Vielleicht« ersann.

Wer friedlich ist und gutgesinnt,
Sagt immer: Du hast recht, mein Kind!

Denn wer nicht höflich nach allen Seiten,
Hat doch nur lauter Verdrießlichkeiten.

Der Ruhm, wie alle Schwindelware,
Hält selten über tausend Jahre.
Zumeist vergeht schon etwas eh'r
Die Haltbarkeit und die Kulör.

An den alten Bäumen hämmert der Specht am meisten.

Die hübsche stramme Bäuerin hat ihr hübsches strammes Bübchen auf dem Schoße liegen, sein Gesichtchen nach unten gekehrt. Sie lüftet ihm das Hemdchen; sie reibt ihm den Rücken; er strampelt mit den Beinen vor lauter Behagen. »Oh, tu tu tu mit tein tlein ticken tinketen Popösichen!« so ruft sie in mütterlich-kindischem Stoppeldeutsch; und während sie dies tut, gibt sie dem Herzensbengel bei jedem Worte einen klatschenden Schmatz auf die rosigen Hinterbäckchen. –

Ach, meine Freunde! Wie viel Liebes und Gutes passiert uns doch in der Jugend, worauf wir im Alter nicht mehr mit Sicherheit rechnen dürfen! –

Mein Lebenslauf*

Mein Lebenslauf ist bald erzählt.
In stiller Ewigkeit verloren
Schlief ich, und nichts hat mir gefehlt,
Bis dass ich sichtbar ward geboren.
Was aber nun? – Auf schwachen Krücken,
Ein leichtes Bündel auf dem Rücken,
Bin ich getrost dahingeholpert,
Mitunter grad, mitunter krumm,
Und schließlich musst ich mich verschnaufen.
Bedenklich rieb ich meine Glatze
Und sah mich in der Gegend um.
O weh! Ich war im Kreis gelaufen,
Stand wiederum am alten Platze,
Und vor mir dehnt sich lang und breit,
Wie ehedem, die Ewigkeit.

---

* Dieses Gedicht schrieb Busch in seinem letzten Lebensjahr.

»Wir bleiben unverzagt und munter«
Trost bei Busch

Und ging's auch drüber oder drunter,
Wir bleiben unverzagt und munter.
Es ist ja richtig: Heut pfeift der Spatz
Und morgen vielleicht schon holt ihn die Katz;
Der Floh, der abends krabbelt und prickt,
Wird morgens, wenn's möglich, schon totge-
knickt;
Und dennoch lebt und webt das alles
Recht gern auf der Kruste des Erdenballes. –
Froh hupft der Floh. –
Vermutlich bleibt es noch lange so.

Zeichnung aus »Pater Filucius«

[...] Spaß beiseit, meine Freunde, nur wer ein Herz hat, kann so recht fühlen und sagen, und zwar von Herzen, dass er nichts taugt. Das Weitere findet sich.

Im übrigen sag ich mir täglich, dass ich alt geworden [57 Jahre alt], dass ich hienieden nicht viel mehr zu erwarten habe; und kommt mir was in die Quer, dann nehm ich's mit möglichster Milde und Gelassenheit, wie einer, der's eigentlich noch viel schlechter verdient hätte.

> Früher, da ich unerfahren
> Und bescheidner war als heute,
> Hatten meine höchste Achtung
> Andre Leute.
> Später traf ich auf der Weide
> Außer mir noch mehre Kälber,
> Und nun schätz ich, sozusagen,
> Erst mich selber.

Da bleibt denn nur der landesübliche Trost, dass es andern womöglich noch schlechter geht.

Nörgeln

Nörgeln ist das Allerschlimmste,
Keiner ist davon erbaut;
Keiner fährt, und wär's der Dümmste,
Gern aus seiner werten Haut.

Mit Gelassenheit, wie es dem Alter geziemt, wart
ich den Wechsel der Dinge ab.

Alter schützt vor Torheit nicht

Nein so was! Ein altes verständiges Schwein,
Und fällt kopfüber ins Fass hinein!!

Obgleich die Welt ja, so zu sagen,
Wohl manchmal etwas mangelhaft,
Wird sie doch in den nächsten Tagen
Vermutlich noch nicht abgeschafft.

So lange Herz und Auge offen,
Um sich am Schönen zu erfreun,
So lange, darf man freudig hoffen,
Wird auch die Welt vorhanden sein.

Die Welt

Es geht ja leider nur soso
Hier auf der Welt, sprach Salomo.
Dies war verzeihlich. Das Geschnatter
Von tausend Frauen, denn die hatt er,
Macht auch den Besten ungerecht.
Uns aber geht es nicht so schlecht.
Wer, wie es Brauch in unsern Tagen,
Nur eine hat, der soll nicht sagen
Und klagen, was doch mancher tut:
Ich bin für diese Welt zu gut.

Selbst, wem es fehlt an dieser einen,
Der braucht darob nicht gleich zu weinen
Und sich kopfunter zu ertränken.
Er hat, das mag er wohl bedenken,
Am Weltgebäude mitgezimmert
Und allerlei daran verschlimmert.

Und wenn er so in sich gegangen,
Gewissenhaft und unbefangen,
Dann kusch er sich und denke froh:
Gottlob, ich bin kein Salomo;
Die Welt, obgleich sie wunderlich,
Ist mehr als gut genug für mich.

Noch ein wenig Gelassenheit und Geduld und dann
wird alles bald bestens in Ordnung sein.

Der Einsame

Wer einsam ist, der hat es gut,
Weil keiner da, der ihm was tut.

Ihn stört in seinem Lustrevier
Kein Tier, kein Mensch und kein Klavier,
Und niemand gibt ihm weise Lehren,
Die gut gemeint und bös zu hören.

Der Welt entronnen, geht er still
In Filzpantoffeln, wann er will.

Sogar im Schlafrock wandelt er
Bequem den ganzen Tag umher.

Er kennt kein weibliches Verbot,
Drum raucht und dampft er wie ein Schlot.

Geschützt vor fremden Späherblicken,
Kann er sich selbst die Hose flicken.

Liebt er Musik, so darf er flöten,
Um angenehm die Zeit zu töten,
Und laut und kräftig darf er prusten,
Und ohne Rücksicht darf er husten,
Und allgemach vergisst man seiner.
Nur allerhöchstens fragt mal einer:
Was, lebt er noch? Ei schwerenot,
Ich dachte längst, er wäre tot.

Kurz, abgesehn vom Steuerzahlen,
Lässt sich das Glück nicht schöner malen.

Worauf denn auch der Satz beruht:
Wer einsam ist, der hat es gut.

Mein Trost ist mein trauliches Arbeitszimmer, was
ich hinter mir zusperre.

»Ach!« – spricht er – »die größte Freud'
Ist doch die Zufriedenheit!!!«

[...] inwendig, [...], kommt das Reich Gottes.

Göthe ruft sehnend den Frieden in seine Brust;
Schiller sagt, dass die innere Stimme die hoffende
Seele nicht täuscht. Und gewiss, nur in der Tiefe der
Seele, mit Hilfe jener Kraft, die stärker ist als alle
Vernünftigkeit, kann Trost und Ruhe gefunden wer-
den. – Mehr mag ich nicht reden darüber. –

Wie andre, ohne viel zu fragen,
Ob man hier oben mich gebraucht,
So bin auch ich zu Lust und Plagen
Im Strom der Dinge aufgetaucht.
Geduld! Nach wenigen Minuten
Versink ich wieder in den Fluten.

So stehe ich denn tief unten an der Schattenseite des
Berges. Aber ich bin nicht grämlich geworden; sondern wohlgemut, halb schmunzelnd, halb gerührt,
höre ich das fröhliche Lachen von anderseits her, wo
die Jugend im Sonnenschein nachrückt und hoff-
nungsfreudig nach oben strebt.

Wir beide aber, lieber Freund,* die wir zu hohen Jahren gekommen sind, ohne bis jetzt von langwierigen Gebrechen, wodurch alte Leute ans Lager gefesselt werden, betroffen zu sein, wir wollen dankbar des Guten gedenken, was uns beschieden wurde, und dem Bösen, was etwa kommen soll, mit Gelassenheit und Gottvertrauen entgegen sehn.

Zu Neujahr

Will das Glück nach seinem Sinn
Dir was Gutes schenken,
Sage Dank und nimm es hin
Ohne viel Bedenken.

Jede Gabe sei begrüßt,
Doch vor allen Dingen:
Das, worum du dich bemühst,
Möge dir gelingen.

---

* Brief an seinen »liebsten Freund« Erich Bachmann (1832–1907) vom 29. Oktober 1901.

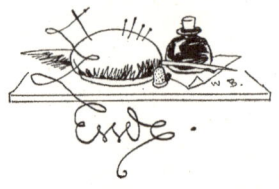

Hass, als minus und vergebens,
Wird vom Leben abgeschrieben;
Positiv im Buch des Lebens
Steht verzeichnet nur das Lieben;
Ob ein Minus oder Plus
Uns, verblieben, zeigt der Schluss.

Zeichnung aus »Der Schmetterling«

XIII

Wilhelm Busch im Urteil der Zeit
Stimmen im Kanon

OTTO BASSERMANN (1839–1916; Buschs Verleger):

Bereits während seines ersten Studienaufenthaltes in
München (Herbst 1854) wurde Busch Mitglied der ein
Jahr zuvor gegründeten Künstlervereinigung »Jung-
München«. Dort traf er, wahrscheinlich im Sommer
1858, Otto Bassermann, der später sein Verleger wurde. Busch war häufig Gast im Bassermann'schen
Hause. Das erste Werk, das 1872 in diesem Verlag erschien, war die *Fromme Helene*. Der Bassermann-Ver-
lag wurde zum Wilhelm-Busch-Verlag. Otto Bassermann singt in einem Lied »Was alles ich sein möchte«
vom 6. August 1859:

> »Ich möchte Wilhelm Busch wohl sein,
> Sein geistig Aug' ist scharf und fein,
> Philosophie ist ihm nur Spiel,
> Er spricht gescheidt – nur etwas viel.
> Und sagt man ›ja‹, so sagt er ›nein‹, –
> Ich möchte doch der Busch nicht sein.«

PAUL LINDAU (1839–1919; Schriftsteller, Journalist und Gesell-
schaftskritiker, Freund Buschs):

»Sein geistiger Konsum ist bedeutend. Er liest die
besten Bücher, namentlich philosophischen Inhalts;

er ist ein durchgebildeter Schopenhauerianer. In seinen komischen Sentenzen vor allem ist er Meister. Er besitzt eine erstaunliche Kunst, Gemeinplätze und Trivialitäten mit einer Würde und Grandezza vorzutragen, als ob er der Welt eine ganz neue, von ihm soeben entdeckte Wahrheit zu verkünden habe.«

GOLO MANN (1909–1994; Historiker, Schriftsteller):

»Die Leute genossen die Werke des nur scheinbar heiteren, unergründlich boshaften, menschenfeindlichen Humoristen mit nie versiegender Freude. Sie fühlten sich von ihm erkannt, aber auf eine Weise, die ihnen gefiel. [...] Er wußte es gar zu lustig zu sagen in seinen Vers-Geschichten und gab auch um des lieben Friedens willen das Happy-End mit darein ... Wer etwas erfahren will vom Geist des deutschen Bürgertums in der Bismarckzeit, der kann es in den Busch-Alben besser als in manchen gesellschaftswissenschaftlichen Traktaten.«

COSIMA WAGNER (1837–1930; Ehefrau des Komponisten Richard Wagner) notiert am 27. Oktober 1879 in ihr Tagebuch:

»Eine Sendung des Kapellmeisters Levi: *Max und Moritz* von Busch und anderes desselben Humoristen unterhält Richard gut eine kleine Weile.«

Busch begegnete im November 1880 Cosima und Richard Wagner in der Münchener Wohnung des

Hofkapellmeisters und Wagner-Dirigenten Hermann Levi. An diesem »Thé« nahmen auch der Architekt Lorenz Gedon und der Maler Franz von Lenbach teil.

GOTTFRIED KELLER (1819–1890; schweizerischer Dichter und Schriftsteller) schreibt am 9. November 1882 an Paul Heyse:

»Jetzt raucht er wieder, Gott sein Dank!«

Diese Formulierung findet sich auch in einem Gedicht Kellers:

Unter einen Probedruck
von Stauffers Radierung meines Bildes
Juni 1887

Was die Natur schon fragmentiert,
Hat hier des Künstlers Hand croquiert,
So aus der doppelten Verneinung
Kommt ein bedenklich Ganzes zur Erscheinung;
Es scheint der kurze Mann fast krank,
Doch raucht er ja noch, Gott sein Dank!

EDUARD DAELEN (1848–1923; Maler und Schriftsteller, erster Biograf Buschs):

»Wilhelm Busch ist unstreitig der größte Meister des Humors, aber nicht weniger auch der Satire.«

»Doch Wilhelm Busch hat nicht nur den scharfen Blick für das Komische in der Erscheinung Anderer; wie er als Philosoph die Selbsterkenntnis in erster Linie als logische Notwendigkeit betont, so vergißt er beim Karikieren auch nicht, sich über sich selbst lustig zu machen.«

WILHELM RAABE (1831–1910; Schriftsteller):

»Welch ein Wohltäter der Mann, der da den Millionen zu dem Lachen verhilft! – und zum Lächeln, dem herzfrohen Lächeln, dem Besten, was der humoristische Poet mit Griffel und Stift der armen geplagten Erdenbrüderschaft abgewinnen, abringen kann! Wer hat den Stift und die Feder besser geführt als der Einsiedler zu Wiedensahl? Wer hat so Grund dankbar zu sein für die Gabe, die ihm ›Gott-Natur‹ verliehen hat zum Weitergeben?«

KAISER WILHELM II. (1859–1941) spricht in einem Glückwunschtelegramm zum 70. Geburtstag von Wilhelm Busch, verfasst in »Berlin Schloß, 1902, den 15. 4. um 7 Uhr V.«, dem »Dichter und Zeichner, dessen köstliche Schöpfungen voll echten Humors unvergänglich im Deutschen Volke leben werden«, seinen »aufrichtigen Glückwunsch« aus und schließt: »Möge demselben ein schöner Lebensabend beschieden sein. In Dankbarkeit für die vielen fröhlichen Stunden, welche Sie ihm bereiten. Wilhelm II. R.«

FRIEDRICH AUGUST KAULBACH (1850–1920; Maler und enger Freund von Wilhelm Busch):

»Die Welt besitzt wohl die vielen Schätze seines reichen Geistes, aber den eigenartigen Zauber seiner Persönlichkeit haben doch nur Wenige erlebt.«

FRITZ VON OSTINI (1861–1927; Schriftsteller und Literaturkritiker der *Münchner Neuesten Nachrichten*) schreibt zum Tode Wilhelm Buschs in der Zeitschrift *Jugend* (1908, Nr. 3):

Wie kaum ein Zweiter mehr in deutschen Landen
Den Kindern und den Alten gleich vertraut,
So viel geliebt, so selten ganz verstanden,
Im tiefsten Grund von Wenigen durchschaut!

THOMAS MANN (1875–1955; Schriftsteller und Literaturnobelpreisträger) notiert am 4. August 1937 in sein Tagebuch:

»Abends Lektüre von Buschs ›Humor. Hausschatz‹ – eher verstimmend.«

Einen Aufruf des Heimatbundes Niedersachsen (1927), sich mit einer Geldspende zur Erhaltung des Busch-Hauses in Wiedensahl zu beteiligen, unterzeichnete auch Thomas Mann (vgl. Jb 2005,9).

JOACHIM RINGELNATZ (1883–1934; Poet, Kabarettist und Humorist):

Meister Busch
(Zum 100. Geburtstag von Wilhelm Busch)

[...]

Hundert Jahre Wilhelm Busch.
Mir zumute
Scheint das nahezu ein Husch.
Und mehr hab ich nicht zu sagen.
Will mich mit gezogenem Hute
Seitwärts in die Büsche schlagen.

LUDWIG THOMA (1867–1921; Schriftsteller und Satiriker):

»[...] Ich lernte [als Kind] die Taten von Max und Moritz auswendig, und behielt sie besser im Gedächtnis als sämtliche lateinischen und griechischen Erzeugnisse, welche hinterher meinen Geist zu bilden hatten. Ich erhielt das Buch zu Weihnachten, und es ist mir das liebste Geschenk geblieben. [...] In späteren Jahren lernte ich die glänzende Satire unseres Altmeisters kennen, und ich eignete mir, wie alle Deutschen, jene tiefsinnigen Verse an, um sie in passenden Zeiten mir und anderen vors Gemüt zu führen. Wer könnte sich solchen Weisheiten verschließen:

Das Gute, dieser Satz steht fest,
Ist stets das Böse, was man läßt.

Alle philosophischen Schmöker sind hier in zwei Zeilen beschämt. Und gestehen wir uns, meine Damen und Herren, daß nie eine größere Wahrheit gesagt wurde als in diesem Verse:

›Vater werden ist nicht schwer,
Vater sein dagegen sehr.‹

›Erst dreimal Hoch und dann ein Tusch
Dem hochverehrten Meister Busch!‹

ALBERT EINSTEIN (1879–1955; deutscher Physiker und Nobelpreisträger):

»Wilhelm Busch, insbesondere der Schriftsteller Busch, ist einer der größten Meister stilistischer Treffsicherheit. Ich denke – außer vielleicht Lichtenberg – hat es keinen Ebenbürtigen in deutscher Sprache gegeben.«*

---

* Der im Jahrbuch der Wilhelm-Busch-Gesellschaft von 1967 auf S. 56 zitierte Einstein-Brief findet sich leider weder im Besitz der »Wilhelm Busch Gesellschaft« noch in den »Albert-Einstein-Archives« der Jewish National & Universitary Library. Dies besagt jedoch nicht mit letzter Sicherheit, dass Albert Einstein auf die Anfrage des damaligen Hannoveraner Oberstadtdirektors Karl Wiechert nicht doch entsprechend reagiert und die obige Aussage über Busch gemacht haben könnte.

Zeittafel

1832   Am 15. April wird Wilhelm Busch als erstes von
        sieben Kindern des Kaufmanns Friedrich Wil-
        helm Busch in dem kleinen Dorf Wiedensahl
        (zwischen Stadthagen und Loccum) geboren.

1841   Als es in dem Elternhaus zu eng wird, wird
        dem in Ebergötzen (bei Göttingen) amtieren-
        den Pastor Georg Kleine, dem Bruder der
        Mutter, Wilhelms Erziehung anvertraut. Er
        übernimmt die Ausbildung und erteilt seinem
        Neffen Privatunterricht. In Ebergötzen Beginn
        der lebenslangen Freundschaft mit dem Mül-
        lerssohn Erich Bachmann.

1846   Umzug mit der Familie Kleine nach Lüthorst
        am Ostrand des Sollings. Dort wird Busch 1847
        von seinem Onkel konfirmiert.

1847   Auf Wunsch des Vaters besucht er die Poly-
        technische Schule in Hannover (heute Univer-
        sität), um Maschinenbauer zu werden.

1851   Abbruch des Studiums (trotz guter Leistun-
        gen), »um Maler zu werden«. Busch besucht die
        Kunstakademien in Düsseldorf und Antwer-
        pen (1852). Dort beeindrucken ihn besonders
        die Werke der großen niederländischen Maler
        Brouwer, Teniers, Rubens und Hals.

1853   Nach einer Typhuserkrankung Rückkehr nach

Wiedensahl und Lüthorst. Busch sammelt Märchen, Sagen und Volkslieder, die nach seinem Tod unter dem Titel *Ut ôler welt* (*Aus alter Zeit*) veröffentlicht werden (1910). Beschäftigung mit Bienenkunde.

1854 Aufnahme in die Königliche Akademie der Bildenden Künste in München. Busch wird Mitglied der Künstlervereinigung »Jung-München«. Erste Beiträge im Karikaturenbuch und in den Kneipzeitungen dieses Vereins.

1858 Caspar Braun, der Herausgeber der humoristisch-satirischen Wochenschriften *Fliegende Blätter* und *Münchener Bilderbogen* verpflichtet Busch (bis 1871) als Zeichner, Texter und Karikaturisten.

1859 Die ersten Bildergeschichten erscheinen im Oktober 1859.

1864 Sein erstes Buch *Bilderpossen* erscheint im Verlag Richter in Dresden. Es wird ein Misserfolg.

1865 *Max und Moritz* erscheint bei Braun & Schneider in München als Buch. Es wird ein Welterfolg.

1867 *Hans Huckebein, der Unglücksrabe.*

1868 Beginn der Freundschaft mit der Frankfurter Bankiersgattin Johanna Keßler (1831–1915). Sein Bruder, Dr. phil. Otto Busch, ist Erzieher und Hauslehrer in der Familie. Im September Tod des Vaters.

1869 *Schnurrdiburr oder Die Bienen*. Busch verlegt seinen Wohnsitz nach Frankfurt und wohnt in der Villa der Familie Keßler. Intensive Beschäftigung mit der Philosophie des Frankfurter Philosophen Arthur Schopenhauer (1788–1860).

1870 *Der heilige Antonius von Padua*. Prozess »wegen Herabwürdigung der Religion und Erregung öffentlichen Ärgernisses durch Verbreitung unzüchtiger Schriften«; Freispruch. Im Januar Tod der Mutter.

1871 Verlagsvertrag mit seinem »Jung-Münchener« Freund Otto Bassermann, in dessen Heidelberger (später Münchener) Verlagshaus alle seine Werke erscheinen.

1872 *Die fromme Helene*. Busch verlässt seinen Wohnsitz in Frankfurt und wohnt im Wiedensahler Pfarrhaus bei seinem Schwager, dem Pastor Hermann Nöldeke und seiner Schwester Fanny. Zahlreiche Reisen im In- und Ausland.

1873 In der Münchener Künstlergesellschaft »Allotria« schließt er Freundschaft mit den Malern Franz von Lenbach (1876) und Friedrich August von Kaulbach, ferner mit dem Bildhauer und Innenarchitekten Lorenz Gedon, dem Schriftsteller Paul Lindau und dem Hofkapellmeister Hermann Levi.

1874 *Kritik des Herzens* (Gedichtband) wird zwiespältig aufgenommen. Erste Nikotinvergiftung.

1875 Im Januar Beginn eines in vielerlei Hinsicht auf-schlussreichen (flirtiven) Briefwechsels mit der in Wiesbaden wohnenden Schriftstellerin Maria Anderson (1842–1917). Nach einem Treffen in Mainz (Oktober 1875) Enttäuschung, die Korre-spondenz bricht ab. *Abenteuer eines Junggesellen.*

1876 *Herr und Frau Knopp.*

1877 *Julchen.* Zerwürfnis mit Johanna Keßler. Es kommt zu einem 13jährigen Schweigen.

1878 *Der Haarbeutel.*

1879 Nach dem Tod seines Schwagers Hermann Nöldeke (1805–1878) zieht Wilhelm Busch ge-meinsam mit seiner Schwester Fanny in das Wiedensahler Pfarrwitwenhaus. Busch über-nimmt die Vaterrolle für seine Neffen Hermann, Adolf und Otto.

1880 Zum Tee bei Richard und Cosima Wagner in München. Intensiver Briefwechsel mit dem Wagner-Dirigenten Hermann Levi über Glau-bensfragen (»philosophische Erkältung«).

1881 Letzter Aufenthalt in München. Busch provo-ziert einen Skandal im Künstlerhaus. Nikotin-vergiftung.

1882 *Plisch und Plum.*

1883 *Balduin Bählamm der verhinderte Dichter.*

1884 *Maler Klecksel*, Buschs letzte große Bilderge-schichte.

1885 Buschs Freund Friedrich August von Kaulbach

(1850–1920) wird Direktor der Münchner Kunstakademie.

1886 Italienreise. Busch besucht seinen Malerfreund Franz von Lenbach in Rom. Im Herbst erscheint in der *Frankfurter Zeitung* eine selbstbiografische Skizze *Was mich betrifft.*

1888 Mit Lenbach und Frau in Den Haag und Amsterdam.

1891 *Eduards Traum* (Prosatext). Durch Lenbachs Vermittlung kommt es zu einer Versöhnung mit Johanna Keßler. 3 Wochen zu Besuch in Frankfurt. Freundschaft mit der nach kurzer Ehe geschiedenen Tochter Nanda (Ferdinanda; 1862–1909) und deren Schwester Letty (Letitia; 1864–1944).

1893 Selbstbiografie *Von mir über mich* für die Jubiläumsausgabe *Die fromme Helene.*

1895 *Der Schmetterling* (Prosatext). Busch beendet malerische Tätigkeit.

1896 Abfindungsvertrag mit Bassermann in Höhe von 50 000 Mark.

1898 Im Herbst Umzug mit seiner Schwester Fanny Nöldeke von Wiedensahl in das geräumige Pfarrhaus von Mechtshausen am Harz (bei Seesen), wo sein Neffe Otto Nöldeke Pastor ist. Dort bewohnt Busch zwei sehr bescheiden eingerichtete Zimmer in der oberen Etage (heute ist das Pfarrhaus eine Gedenkstätte). Otto Nöldeke ist nach Buschs Tod dessen erster Biograf und Herausgeber einer achtbändigen Werkausgabe.

1902 Große Anteilnahme der Öffentlichkeit zum 70. Geburtstag des Künstlers. Über 1500 Glückwünsche, Geschenke und Telegramme »aus allen Teilen der Welt«; Artikel in etwa einhundert Zeitungen. Um diesem Trubel zu entgehen, flüchtet er sich zu seinem Neffen Hermann Nöldeke, Pastor in Hattorf. Die vom Verlag Braun & Schneider als Jubiläumsgeschenk überwiesenen 20 000 Mark spendet er an zwei Krankenhäuser in Hannover.

1904 Im März stirbt Franz von Lenbach. Im April erscheint Buschs letzte Veröffentlichung *Zu guter Letzt*, eine Auswahl von hundert Gedichten.

1905 Busch händigt seinem Neffen Otto das versiegelte Manuskript *Hernach* aus.

1908 Am 9. Januar plötzlicher Tod durch Herzschwäche im Kreise der Nöldeke-Familie. Begräbnis auf dem kleinen Dorffriedhof. Im April erste Ausstellung seines malerischen und zeichnerischen Nachlasses in München. *Hernach* erscheint als Nachlasswerk.

1909 *»Schein und Sein«* (Gedichte).

1910 *»Ut ôler Welt«* (*Aus alter Zeit*). Volksmärchen und Sagen.

1927 Ein Aufruf zur Erhaltung des Buschhauses in

Wiedensahl wird u. a. auch von Persönlichkeiten wie Ricarda Huch und Thomas Mann unterschrieben.

1930 Gründung der Wilhelm-Busch-Gesellschaft in Wiedensahl mit Sitz Hannover (heute rund 2500 Mitglieder).

1932 Die erste Nummer der *Mitteilungen der Wilhelm-Busch-Gesellschaft* erscheint; seit 1998 mit neuer Konzeption als *SATIRE. Mitteilungen der Wilhelm-Busch-Gesellschaft.*

1937 Feierliche Eröffnung des Wilhelm-Busch-Museums in Hannover.

1950 Wiedereröffnung des Wilhelm-Busch-Museums im sog. »Wallmodenschlösschen« im Georgengarten in Hannover; seit 1986 »Deutsches Museum für Karikatur und kritische Grafik« mit wechselnden Ausstellungen (Karikatur, kritische Kunst, Cartoon und Comic).

1982 15. April Festveranstaltung anlässlich des 150. Geburtstages von Wilhelm Busch im Wilhelm-Busch-Museum, Hannover. Den Festvortrag hält der Historiker Golo Mann.

2004 Wiedereröffnung des umgebauten Wilhelm-Busch-Museums. Die Sammlung umfasst derzeit 335 Ölgemälde, ca. 1200 Zeichnungen und Skizzen nach der Natur, über 2000 Originalzeichnungen zu Bildergeschichten, 896 Briefe und 193 Gedicht- und Prosahandschriften. Dies sind mehr als zwei Drittel aller erhaltenen Werke des Künstlers.

2007 Am 15. April große Matinee zum 175. Geburtstag von Wilhelm Busch in der Staatsoper Hannover. Eröffnung: Christian Wulff, Ministerpräsident des Landes Niedersachsen.

2008 Im Jubiläumsjahr anlässlich des 100. Todestages von Wilhelm Busch wird im Frühjahr zufällig im bayerischen Sulzbach-Rosenberg eine bislang völlig unbekannte Bildergeschichte des Künstlers im Archiv der Seidel'schen Verlagsdruckerei entdeckt. Sie kann als Keimzelle zu Buschs berühmtester Bildergeschichte *Max und Moritz* betrachtet werden und trägt den Titel *Der Kuchenteig*. Wahrscheinlich entstand sie im Sommer 1863, also zwei Jahre vor *Max und Moritz*.

2008/09 Carl Spitzweg / Wilhelm Busch – Zwei Künstlerjubiläen. Das Zusammentreffen des 200. Geburtstages Carl Spitzwegs mit dem 100. Todesjahr von Wilhelm Busch gibt Anlass, das Werk der beiden Künstler in einer großen Jubiläums-Ausstellung zu zeigen. Ausgestellt wurden die Bilder der beiden Künstler im Museum Georg Schäfer, Schweinfurt, und im Wilhelm-Busch-Museum, Hannover.

2010/11 Das Wilhelm-Busch-Museum in Hannover wird umbenannt in »Deutsches Museum für

Karikatur & Zeichenkunst – Wilhelm Busch«
als Zentrum für satirische Kunst in Deutsch-
land. Mit seiner Sammlung von über 35 000
Blättern von 1600 bis heute sucht dieses Museum seinesgleichen in Europa.

Textnachweise

Die in der vorliegenden Ausgabe wiedergegebenen Texte und Illustrationen Wilhelm Buschs folgen unter Angabe der Sigle des Werktitels, des Bandes und der Seitenzahl der Edition:

GA Wilhelm Busch: Werke. Historisch-kritische-Gesamt-ausgabe. Bearb. und hrsg. von Friedrich Bohne. 4 Bde. Hamburg: Standard-Verlag 1959. – Wiesbaden, Berlin. Vollmer 1960.

Siglen der Werktitel

Abt	Abenteuer eines Junggesellen (Knopp) (1876)
AH	An Helene (Gedicht zur Frommen Helene für die Jubiläumsausgabe 1893)
Ant	Der heilige Antonius von Padua (1870)
Bähl	Balduin Bählamm der verhinderte Dichter (1883)
BW	Der Bauer und der Windmüller (1861)
Didl	Dideldum (1874)
Ed	Eduards Traum (1891)
FH	Die fromme Helene (1872)
Fil	Pater Filucius (1872)
Fipps	Fipps der Affe (1879)
Fl	Fliegende Blätter; Münchner Bilderbogen (1859–1864)
Geb	Der Geburtstag oder die Partikularisten (1873)
Hb	Die Haarbeutel (1878)
Hernach	Hernach (1908)
HH	Hans Huckebein der Unglücksrabe (1867)

Jobs	Bilder zur Jobsiade (1872)
Jul	Julchen (1877)
Kn	Herr und Frau Knopp (1876)
Kr	Kritik des Herzens (1874)
MK	Maler Klecksel (1884)
MM	Max und Moritz (1865)
Nl	Nachlese (GA 4,435–549: Tagebuchblätter, Beiträge zu Kneipzeitungen in Auswahl, Aus dem Karikaturenbuch von Jung-München, Das Liebhabertheater, einzelne Gedichte und Prosa, Gelegenheitsdichtungen, Reime und Sinnsprüche, »Spricker«)
Nöck	Der Nöckergreis (1893)
PP	Plisch und Plum (1882)
Sch	Schein und Sein (1909)
Schm	Der Schmetterling (1895)
Schnurr	Schnurrdiburr oder Die Bienen (1869)
Stipp	Stippstörchen für Äuglein und Öhrchen (1880)
Vmüm	Von mir über mich (dritte Fassung 1894)
Wmb	Was mich betrifft (1886)
Zgl	Zu guter Letzt (1904)

Weitere Zitate sind folgenden Sammlungen entnommen:

Br	Wilhelm Busch: Sämtliche Briefe. Kommentierte Ausgabe in zwei Bänden. Bd. 1: Briefe 1841–1892. Bd. 2: Briefe 1893–1908. Hrsg. von der Wilhelm-Busch-Gesellschaft e. V. Komm. von Friedrich Bohne unter Mitarb. von Paul Meskemper und Ingrid Haberland. Hannover: Wilhelm-Busch-Gesellschaft, 1968/69. – Nachdr. Hannover: Schlüter, 1982.
Dialek	Max und Moritz in deutschen Dialekten. Mittel-

hochdeutsch und Jiddisch. Hrsg., eingel. und mit einer Bibliogr. von Manfred Görlach. Hamburg: Buske, 1982. [Erwähnt in: Jb 1981,26 ff.]

Gespr   Adolf Nöldeke / Hermann Nöldeke / Otto Nöldeke: Wilhelm Busch. München: Joachim, 1909. [In diesem ein Jahr nach Buschs Tod erschienenen Werk finden sich auch die sogenannten »Spricker« (Aphorismen): »Dürre Zweige kurz gebrochen, / Etwas dünner oder dicker, / Um Kaffee dabei zu kochen, / Diese Zweige heißen ›Spricker‹« (ebd., 58).]

Jb   Jahrbuch der Wilhelm-Busch-Gesellschaft. [1932–1943 als Mitteilungen der Wilhelm-Busch-Gesellschaft erschienen; 1949–1963/64 unter dem Titel Jahrbuch der Wilhelm-Busch-Gesellschaft, seit 1964/65 als Wilhelm-Busch-Jahrbuch; ab 1998 SATIRE. Mitteilungen der Wilhelm-Busch-Gesellschaft, Hannover.]

MMengl   Wilhelm Busch: Max und Moritz. Englische Nachdichtung von Percy Reynold. Nachw. von Manfred Görlach. Stuttgart: Reclam, 1996. (Reclams Universal-Bibliothek. 9432.)

MMfrz   Wilhelm Busch: Max und Moritz. Französische Nachdichtung von Henri Mertz. Nachw. von Manfred Görlach. Stuttgart: Reclam, 1996. (Reclams Universal-Bibliothek. 9488.)

MMlat   Wilhelm Busch: Max und Moritz auf lateinisch. Übers. von Franz Schlosser. Stuttgart: Reclam, 1993. (Reclams Universal-Bibliothek. 8843.)

Die Orthographie wurde behutsam der neuen Rechtschreibung angeglichen.

I

»Meine sauerverdiente sogenannte Weltbetrachtung«

19 1 Gespr 124. | 2 Br 1,151. | 3 Hb; GA 3,208. | **20** 1 MK;
GA 4,85 (Zeichnung). | 2 Wmb; GA 4,149. | **21** 1 Sch; GA
4,418. | 2 Vmüm; GA 4,209 f. | **22** 1 Br 1,215. | 2 Nl; GA
4,506. | **23** 1 Br 1,154. | 2 Kr; GA 2,494. | 3 Nl; GA 4,544. |
4 Zgl; GA 4,317. | **24** Zgl; GA 4,266. | **25** 1 Br 1,149. |
2 Br 1,148. | 3 Br 2,162. | **26** Br 2,106. | **27** 1 Nl; GA 4,546. |
2 Br 2,163. | 3 Br 2,108. | 4 Kr; GA 2,495. | **28** 1 Br 1,324. |
2 Br 2, 187. | 3 Br 1,336. | **29** 1 Br 1,139. | 2 Gespr 171. |
30 1 Sch; GA 4,393. | 2 Br 2,136. | **31** Gespr 173. |
32 1 Hernach; GA 4,391. | 2 Br 2,271. | **33** 1 Kr; GA 2,517. |
2 Br 2,273 f.

II

Lächelnd die Wahrheit sagen

34 1 Nl; GA 4,542. | 2 Br 1,129. | 3 Kr; GA 2,506. | **35** 1 Sch;
GA 4,411. | 2 Br 1,269. | **36** 1 Br 1,149. | 2 Kr; GA 2,501. |
3 Br 1,137. | 4 Nl; GA 4,542. | 5 Br 1,149. | 6 Br 2,156. |
37 1 MM; GA 1,343. | 2 MMengl 4. | **38** 1 MMfrz 4. |
2 MMlat 4. | 3 Jb 1981,29. | 4 Jb 1981,29. | 5 Jb 1981,30. |
39 1 Jb 1981,29. | 2 MM; GA 1,362. | **40** 1 MMengl 27. |
2 MMlat 27. | **41** 1 Br 2,310. | 2 Br 2,307. | 3 Fipps;
GA 3,318. | 4 Nl; GA 4,544. | **42** 1 Nl; GA 4,544. | 2 Kr;
GA 2,497. | 3 PP; GA 3, 497. | 4 Zgl; GA 4,308. | **43** 1 Sch;
GA 4,395. | 2 Zgl; GA 4,310 f. | **44** 1 Kr; GA 2,496. | 2 MK;
GA 4,82. | 3 MK; GA 4,82. | 4 AH; GA 2,543. | **45** 1 Geb;
GA 2,384 (Zeichnung). | 2 Hernach; GA 4,359. | 3 Br 1,266. |
46 Zgl; GA 4,303. | **47** 1 BB; GA 4,28. | 2 Nl; GA 4,516. |
3 Kr; GA 2,501. | **48** Sch; GA 4,407.

III
»Man ist ja von Natur kein Engel,
Vielmehr ein Welt- und Menschenkind«

49 1 Nl; GA 4,544. | 2 Br 1,154. | 3 Zgl; GA 4,286. | **50** 1 Br 2,302. | 2 Zgl; GA 4,289. | 3 Br 1,264. | **51** Kr; GA 2,502 f. | **52** 1 Kr; GA 2,519. | 2 FH; GA 2,204. | 3 Nl; GA 4,543. | **53** 1 BB; GA 4,69. | 2 Br 2,296. | 3 FH; GA 2,261. | 4 FH, GA 2,206. | **54** FH; GA 2,293. | **55** 1 Nl; GA 4,544. | 2 Nl; GA 4,544. | 3 Sch; GA 4,412. | 4 PP; GA 3,499. | **56** 1 FH; GA 2,213 (Zeichnung). | 2 Zgl; GA 4,270. | 3 Kr; GA 2,513. | **57** 1 Sch; GA 4,394. | 2 Nl; GA 4,544. | 3 Sch; GA 4,400. | **58** 1 Fil; GA 2,352. | 2 Kr; GA 2,505. | 3 Ant; GA 2,112 (Zeichnung). | **59** | 1 Ant; GA 2,144. | 2 Hernach; GA 4,344.

IV
»Die Welt, das lässt sich nicht bestreiten,
Hat ihre angenehmen Seiten«

60 1 Fipps; GA 3,298. | 2 Kr; GA 2,503. | **61** Br 1,116. | **62** 1 Abt; GA 3,53. | 2 Nl; GA 4,517. | 3 Kn; GA 3,97. | **63** 1 PP; GA 3,490. | 2 MM; GA 1,351. | **64** 1 Zgl; GA 4,288. | 2 HH; GA 1,487. | 3 Didl; GA 2,440. | 4 Abt; GA 3,26. | 5 Nl; GA 4,533. | **65** 1 Sch; GA 4,423 (*Frühlingslied*). | 2 Zgl; GA 4,325 (*Verlust der Ähnlichkeit*). | 3 Jobs; GA 2,310. | 4 Kr; GA 2,513. | **66** 1 Ant; GA 2,105. | 2 FH; GA 2,282. | 3 Br 2,306. | 4 Geb; GA 2,382 (Zeichnung). | **67** 1 Br 2,84. | 2 Hb; GA 3,254. | 3 MK; GA 4,112. | 4 Nl; GA 4,534. **68** 1 Br 2,304. | 2 Fl; GA 1,109.

V

»Liebe – sagt man schön und richtig –
Ist ein Ding, was äußerst wichtig «

69 1 Br 1,143. | 2 MK; GA 4,139. | 3 Sch; GA 4,422. | 4 Br
1,163. | 5 Nl; GA 4,546. | **70** 1 Kr; GA 2,509. | 2 Schnurr;
GA 2,18 (Zeichnung). | 3 Jul; GA 3,197. | **71** 1 Jul; GA 3,148. |
2 FH; GA 2,223. | 3 Br 1,141. | **72** 1 Br 1,30. | 2 Fil; GA 2,349
(Zeichnung). | 3 Kr; GA 2,522. | **73** 1 Br 2,97. | 2 Jul; GA
3,177 (Zeichnung). | **74** 1 Abt; GA 3,79. | 2 Kr; GA 2,497. |
3 Sch; GA 4,412. | **75** 1 Br 2,43. | 2 Kr; GA 2,513. | 3 Br 2,43. |
76 1 Nl; GA 4,548. | 2 Didl; GA 2,489. | **77** Didl. 2,469. |
78 1 Kr; GA 2,515. | 2 Kr; GA 2,512. | **79** 1 Vmüm; GA
4,208. | 2 BW; GA 1,126 (Zeichnung). | 3 Ed; GA 4,178. |
80 1 Kr; GA 2,514. | 2 Kr; GA 2,512. | **81** Br 2,306.

VI

Am »Busen der Natur«

82 1 Br 1,107. | 2 Br 2,244. | 3 Br 2,142. | 4 Br 2,95. |
83 1 Zgl; GA 4,331. | 2 Br 1,331. | **84** Nl; GA 4,515. |
85 1 Br 1,142. | 2 Nl; GA 4,545. | 3 Hernach; GA 4,343. |
86 Zgl; GA 4,326. | **87** 1 Br 2,74. | 2 Br 2,251. | 3 Br 1,322. |
88 1 Br 1,49. | 2 Nl; GA 4,530. | **89** 1 Hernach; GA 4,338. |
2 Br 1,230. | 3 Zgl; GA 4,302. | **90** 1 Hernach; GA 4,378. |
2 Br 2,229. | **91** 1 Nl; GA 4,544. | 2 Br 2,226. | 3 Br 2,258. |
4 Br 2,121. | **92** 1 Nl; GA 4,548. | 2 Br 1,258. | 3 Vmüm, GA
4,156. | **93** Fil; GA 2,348 (Zeichnung).

VII

»Froh schlägt das Herz im Reisekittel,
Vorausgesetzt, man hat die Mittel«

94 1 Abt; GA 3,14. | 2 FH; GA 2,267 (Zeichnung). | 3 Sch; GA 4,406. | **95** Br 1,169. | **96** 1 BB; GA 4,23 f. | 2 Br 2,292. | **97** 1 Br 1,111. | 2 FH; GA 2,253–255. | **98** FH; GA 2,265 f. | **99** 1 Br 2,272. | 2 Jul; GA 3,187. | 3 PP; GA 3,508. | **100** 1 Br 1,312. | 2 Br 1,231. | **101** Zgl; GA 4,315 f. | **102** Nl; 4,538 (*Die Uhr*, Auszug). | **103** 1 Br 2,89. | 2 BB; GA 4,25 (Zeichnung)

VIII

»Und wahrlich! Preis und Dank gebührt Der Kunst,
die diese Welt verziert«

104 1 BB; GA 4,7. | 2 BB; GA 4,11 (Zeichnung). | 3 Nl; GA 4,542. | 4 Br 1,347. | **105** Zgl; GA 4,306 f. | **106** 1 Wmb; GA 4,150. | 2 Gespr 181. 1. | **107** 1 MK; GA 4,109 f. | 2 MK; GA 4,84. | 3 MK; GA 4,108 (Zeichnung). | 4 MK; GA 4,84. | **108** Nl; GA 4,442 f. | **109** 1 MK; GA 4,111. | 2 Ant; GA 2,95. | 3 Br 1,173. | 4 MK; GA 4,82. | **110** 1 Br 2,226 f. | 2 Br 2,79. | 3 Fipps; GA 3,335. | 4 Nl; GA 4,545. | 5 Ed; GA 4,173. | **111** 1 Didl; GA 2,458. | 2 Nl; GA 4,548. | 3 Kr; GA 2,520. | **112** 1 Fl; GA 1,409 (Zeichnung). | 2 Nl; GA 4,546. | 3 FH; GA 2,247.

IX

»Einszweidrei, im Sauseschritt, Läuft die Zeit; wir laufen mit«

113 1 Jul; GA 3,155 (Zeichnung). | 2 Br 1,144. | 3 MK; GA 4,143. | **114** Br 1,277. | **115** 1 Br 2,226. | 2 Kr; GA 2,523. | 3 Br 2,61. | **116** 1 Nl; GA 4,535. | 2 Hernach; GA 4,349–351. |

3 Jobs; GA 2,345 (Zeichnung). | 4 Br 2,62. | **117** 1 Br 2,262. |
2 Kr; GA 2,507. | **118** 1 Br 1,141. | 2 Zgl; GA 4,298. |
119 1 FH; GA 2,205 (Zeichnung). | 2 AH; GA 2,543 f. |
120 Br 2,230. | **121** Nl; GA 4,540 f.

X
»Man hätte so gerne seine Ruh«

122 1 Gespr 29. | 2 Kr; GA 2,502. | **123** 1 Br 2,175. | 2 Br
1,154. | 3 Br 1,127. | 4 Br 1,126. | **124** 1 MK; GA 4,102. |
2 MM; GA 1,370 (Zeichnung). | 3 FH; GA 2,251. |
125 1 FH; GA 2,215 (Zeichnung). | 2 Sch; GA 4,413. |
126 1 Br 1,126. | 2 Fl; GA 1,113. | 3 Fl; GA 1,120. | **127** 1 Br
1,179. | 2 Br 1,216. | 3 PP; GA 3,464. | 4 Ant; GA 2,122. |
128 1 Ant; GA 2,131. | 2 Br 2,180. | 3 Nöck; GA 4,204. |
129 Nl; GA 4, 533. | **130** 1 Abt; GA 3,82. | 2 Hernach; GA
4,337.

XI
»Ach, die Welt ist so geräumig;
Und der Kopf ist so beschränkt«

131 1 Abt; GA 3,8. | 2 BB; GA 4,8. | **132** 1 Br 1,235. | 2 Nl;
GA 4,541. | 3 Nl; GA 4,542. | 4 Nl; GA 4,543. | **133** 1 Ed;
GA 4,182. | 2 Nl; GA 4,542. | 3 Nl; GA 4,544. | 4 Br 1,144. |
5 Br 1,141. | **134** 1 Nl; GA 4,541. | 2 Nl; GA 4,543. | 3 Vmüm;
GA 4,205. | 4 Nl; GA 4,545. | 5 Br 2,248. | **135** 1 Zgl; GA
4,265. | 2 Ed; GA 4,180. | 3 Schm; GA 4,213. | **136** 1 Nl; GA
4,542. | 2 Nl; GA 4,542. | 3 Nl; GA 4,542. | 4 Nl; GA 4,543. |
5 Nl, GA 4,543. | 6 Nl; GA 4,543. | **137** 1 Br 1,142. | 2 Br
2,151. | 3 Br 2,255. | 4 Schm; GA 4,255. | **138** 1 Zgl; GA 4,316. |

2 Hernach; GA 4,356. | 3 Nl; GA 4,549. | 4 Nl; GA 4,544. |
139 1 Nl; GA 4; 544. | 2 Nl; GA 4,541. | 3 Sch; GA 4,406. |
4 Nl; GA 4,546. | 5 Br 2,76. | **140** 1 PP; GA 3,501. | 2 Zgl;
GA 4,301. | 3 Nl; GA 4,546. | 4 Ed; GA 4,172. | **141** Nl; GA
4,536.

XII

»Wir bleiben unverzagt und munter«
Trost bei Busch

142 1 Nöck; GA 4,204. | 2 Fil; GA 2,379 (Zeichnung). |
143 1 Ed; GA 4,200. | 2 Br 1,316. | 3 Kr; GA 2,509. | 4 Br
2,290. | **144** 1 Sch; GA 4,416. | 2 Br 2,189. | 3 Hernach; GA
4,362. | **145** 1 Br 2,309. | 2 Zgl; GA 4,292 f. | **146** 1 Br 2,82. |
2 Zgl; GA 4,324 f. | **147** Br 1,190. | **148** 1 MM; GA 1,365. |
2 Br 2,241. | 3 Nl; GA 4,529. | 4 Vmüm; GA 4,211. | **149** 1 Br
2,182. | 2 Sch; GA 4,424. | **150** 1 Br 2,303. | 2 Schm; GA
4,263 (Zeichnung).

XIII

Wilhelm Busch im Urteil der Zeit
Stimmen im Kanon

151 1 Friedrich Bohne, *Wilhelm Busch. Leben, Werk, Schicksal*,
Zürich/Stuttgart: Fretz & Wasmuth Verlag, 1958, S. 54. |
2 Paul Lindau, »Wilhelm Busch«, in: *Nord und Süd. Eine
deutsche Monatsschrift*, hrsg. von P. L., Bd. 4, Berlin: Stilke,
1878, S. 257–272 (wiederabgedr. in: Jb 1962/63,11–25). |
151 1 Golo Mann, *Deutsche Geschichte des 19. und 20. Jahrhunderts*, Frankfurt a. M.: Büchergilde Gutenberg, 1958,
S. 463 f. – © 1958 Büchergilde Gutenberg, Frankfurt am Main. |

2 Cosima Wagner, *Die Tagebücher*, ed. und komm. von Martin Gregor-Dellin und Dietrich Mack, Bd. 2: 1878–1883, München [u. a.]: Piper, 1977, S. 432 (29. Oktober 1879). | **153** 1 *Paul Heyse und Gottfried Keller im Briefwechsel*, [hrsg.] von Max Kalbeck, Hamburg [u. a.]: Westermann, 1919 (G. K. an P. H. am 9. November 1882). | 2 Gottfried Keller, *Nachgelassene Gedichte seit 1846*, Bern: Benteli, 1949, S. 73. | 3 Eduard Daelen, *Über Wilhelm Busch und seine Bedeutung. Eine lustige Streitschrift*, Düsseldorf: Bagel, 1886, S. 7. | 4 Ebd. S. 33. | **154** 1 Wilhelm Raabe, in: *Jugend* (1902) S. 14 (wiederabgedr. in: Jb 1983,83). | 2 Kaiser Wilhelm II., in: Br 2,318. | **155** 1 Friedrich August Kaulbach, »Kondolenzbrief zum Tode Wilhelm Buschs an dessen Neffen Otto Nöldeke im Januar 1908«, in: *Mitteilungen der Wilhelm-Busch-Gesellschaft* 2 (1988) S. 8. | 2 Fritz von Ostini, in: Gespr 132. | 3 Thomas Mann, *Tagebücher* 1937–1939, hrsg. von Peter de Mendelssohn, Frankfurt a. M.: S. Fischer, 1980, S. 85 (4. August 1937). – © 1980 S. Fischer Verlag GmbH, Frankfurt am Main. | **156** 1 Joachim Ringelnatz, *Das Gesamtwerk in sieben Bänden*, hrsg. von Walter Pape, Bd. 2, Berlin: Henssel, 1985, S. 196 f. | 2 Ludwig Thoma, *Gesammelte Werke*, Bd. 8: Ausgewählte Gedichte und Aufsätze, München: Piper, 1956, S. 422–425 (Nachruf auf Wilhelm Busch vom 9. Januar 1908). | **157** 1 Ebd., S. 196. | 2 Albert Einstein, »Aus einem Brief an die Wilhelm-Busch-Gesellschaft [Princeton, Mai 1954]«, in: Jb 1967,56.